Yaniv Barinberg

MEHR IST MEHR

Meine Erfahrungen

mit Polyamorie

edition assemblage

Die Deutsche Bibliothek verzeichnet diese Publikation in der Deutschen Nationalbibliografie; detaillierte bibliografische Daten sind im Internet über http://dnb.ddb.de abrufbar

Yaniv Barinberg

MEHR IST MEHR

Meine Erfahrungen mit Polyamorie

2. Auflage 2024

ISBN 978-3-96042-089-7

Rudolf-Diesel-Straße 37 | 48157 Münster

info@edition-assemblage.de | www. edition-assemblage.de

Umschlag, Satz, Illustrationen: Carina Büker | edition assemblage

Lektorat: Ann Luise Kynast

Druck: Interpress | Printed in Hungary 2020

Yaniv Barinberg

MEHR IST MEHR

Meine Erfahrungen mit Polyamorie

edition assemblage

Yaniv Barinberg ist Beziehungscoach und Workshopleiter*in.

Als trans maskuline, queere Person schreibt Yaniv seit mehreren Jahren aus eigener Erfahrung über einen polyamoren Alltag, hält Vorträge und gibt Workshops zu dem Thema.

Yaniv ist ausgebildete*r Systemische*r Pädagog*in und hat sich auf systemische Paarberatung spezialisiert. Seit einigen Jahren bietet Yaniv als Coach Menschen Unterstützung auf ihren individuellen Beziehungspfaden an – ob in polyamoren oder sonstigen Konstellationen.

Nach dem Master in Philosophie arbeitet Yaniv seit 2019 im alternativen Sexshop „Other Nature" in Berlin und betreibt den Laden seit 2020 mit dem Team als Kollektivbetrieb.

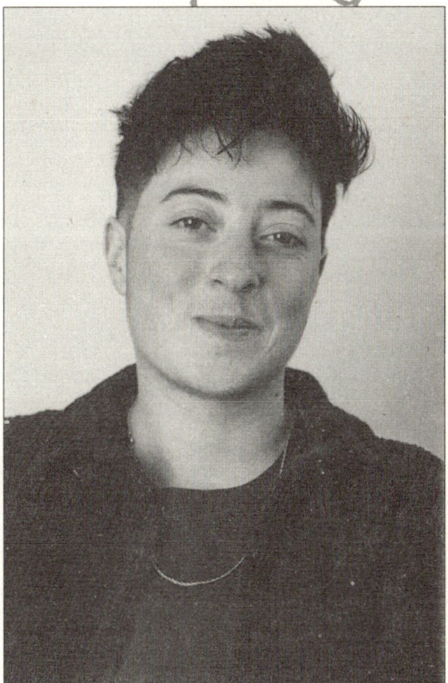

Foto: Cora Hamilton

Anfragen für Workshops, Vorträge oder Beratungen an: polyplom@riseup.net

Mehr zu Yaniv und seiner Arbeit: *www.yaniv-barinberg.com*

Inhalt

Vorwort

Polyamorie bedeutet für mich, mehrere Menschen gleichzeitig zu begehren, zu lieben und mich ihnen zu committen. Mehrere Menschen gleichzeitig zu lieben ist wunderschön, bereichernd, anstrengend, energiezehrend und gleichzeitig wahnsinnig unaufgeregt. Wenn mich Menschen auf Polyamorie ansprechen, stellen sie mir in der Regel diese zwei Fragen:

Bist du nicht eifersüchtig?

Wie kriegst du das zeitlich hin?

Ich denke, dass mir viele Menschen diese Fragen stellen, weil sie sich fragen, ob sie das auch könnten. Meistens habe ich das Gefühl, dass diese beiden Fragen nichts mit mir zu tun haben, sondern eher damit, dass meine Entscheidung, mit mehreren Menschen gleichzeitig eine Beziehung zu führen, die Entscheidungen anderer Menschen infrage stellt.

Dabei geht es mir gar nicht darum, zu provozieren oder andere Beziehungsmodelle grundsätzlich infrage zu stellen. Manchmal vergesse ich, dass es einen unsichtbaren Graben zwischen monogamen und nicht-monogamen Beziehungen gibt. Auf beiden Seiten gibt es Menschen, die der festen Überzeugung sind, dass ihre Art zu lieben die einzig wahre und richtige ist. Und dann gibt es auch verstärkt den Druck, nicht-konventionell zu leben. Monogamie gilt als langweilig und überholt. Offene Ehen, Beziehungen zu dritt oder Familien, die aus vier Elternteilen bestehen, sind in Berlin alles andere als ungewöhnlich. Da gilt die lesbische Zweierbeziehung mit Kind in manchen Kreisen als spießig und veraltet. Ich finde diese Denkrichtung problematisch. Von dem einen Dogma in das nächste zu wechseln, löst das Dogma nicht auf, sondern verlagert nur seinen Schwerpunkt.

Und wieso sollte ich mir anmaßen, das eine oder das andere infrage zu stellen, wenn es Menschen glücklich macht?

Ich versuche, mir so wenig wie möglich anzumaßen, über die Liebesleben von anderen Menschen Urteile zu fällen, denn das ist nicht meine Aufgabe und es ist auch nicht meine Entscheidung, was für andere Menschen das Beste ist. Viele in der Poly-Community scheinen das vergessen zu haben.

Wieso sollte ein Liebessystem per se besser sein als ein anderes?

Mir geht es in diesem Buch nicht darum, herauszufinden, ob Monogamie veraltet ist, Polyamorie dagegen modern und zeitgemäß. Mir geht es auch nicht darum, zu beweisen, dass Polyamorie besser ist, denn das denke ich nicht. Ich will auch nicht Zahlen und Fakten zitieren, über Trennungen und „Seitensprünge" schreiben oder Affären moralisch infrage stellen.

Ich möchte schlichtweg Menschen, die sich für Polyamorie und nicht-monogame Beziehungskonzepte interessieren, dabei unterstützen, sich damit auseinanderzusetzen.

Und dabei sind die beiden Fragen nach Eifersucht und Zeitmanagement, die mir so häufig gestellt werden, entscheidend. In diesen beiden Fragen steckt bereits ein Teil der Antwort auf die Frage „Ist Polyamorie etwas für mich?"

Denn nicht alle Menschen können und wollen polyamor leben. Das kann an ihrer anstrengenden und zeitintensiven Lohnarbeit liegen oder an den anderen Verpflichtungen in ihrem Leben oder an der Zeit, die sie für sich verbringen wollen, oder an ihrer Unlust, viele und häufige Beziehungsgespräche zu führen.

Lasst uns also auf eine kleine Erkundungsreise der – für mich – entscheidenden Elemente nicht-monogamer Beziehungsformen gehen und herausfinden, was es eigentlich bedeuten kann, polyamor zu leben.

Seit Jahren schreibe ich über Polyamorie. Für dieses Buch habe ich alte Beiträge ausgewählt und neue ergänzt. Der Großteil der Beiträge ist zwischen 2015 und 2019 entstanden, somit bekommt ihr hier einen Einblick in mein polyamores Leben.

Ergänzung zur 2. Auflage

Seitdem das Buch 2020 erschienen ist, hat sich viel verändert. Manche Beziehungen sind zu Ende gegangen, andere ins Leben gerufen worden. Ich bin inzwischen Elternteil eines 3,5-Jährigen, der mir jeden Tag mehr über mich und die Welt in der wir leben beibringt, als vermutlich die meisten Begegnungen mit Erwachsenen, die ich hatte.

Auch nähert sich mein erster Blogeintrag langsam seinem 10-jährigen Geburstag und ich finde es manchmal schwer, die verschiedenen Ichs zusammen zu bringen, die alle gleichzeitig in mir wohnen. Das Buch jetzt erneut zu lesen, fühlt sich befremdlich und gleichzeitig sehr schön an. Es erinnert mich daran, was ich schon alles geschafft und überstanden habe und wie resiltient wir gerade jetzt, in diesen zunehmend queer-feindlichen Zeiten, sein können und sein müssen.

Ich bin jeden Tag dankbar für die wunderschönen Menschen in meinem Leben, die mich jeden Tag mit so viel Liebe dabei unterstützen, zu der Person zu werden, die ich sein möchte. Danke für eure Energie, Mühe, Wertschätzung und Liebe.

Ich bin auch so dankbar für die Arbeit, die edition assemblage in dieser Welt leistet und, dass mein Buch ein Teil der wichtigen und notwendigen Erscheinungen sein darf, die dieser Verlag veröffentlicht.

Und natürlich bin ich jeder einzelnen Person dankbar, die mein Buch gelesen, kommentiert und gekauft hat. Ich hoffe, dass es euch bei all den schwierigen und schönen Momenten begleiten kann.

Ist mehr wirklich immer mehr?

Mehr Beziehungen, mehr Liebe, mehr Zuneigung, mehr Sex, mehr Körperlichkeit, mehr Aufmerksamkeit, mehr Menschen, die neben einer*m schlafen (und kuscheln) wollen, mehr Schultern, auf die sich die Auswüchse meiner mentalen Gesundheit verteilen können, mehr Unterstützung, mehr Beziehungsarbeit, mehr reden & Gespräche, mehr Absprachen, mehr und vielfältigere Aktivitäten miteinander, mehr finanzielle Unterstützung, mehr Eifersucht, mehr Neid, mehr Fürsorge, mehr geteilte Arbeit, mehr Köpfe, die Antworten auf Fragen finden können, mehr Zeit für alle Bedürfnisse. Mehr Kommunikation und Beziehungsgespräche.

Dies ist eine spontane Liste von Dingen, die mir einfallen, wenn ich an „Mehr ist mehr" denke. Ich habe mich für diesen Titel entschieden, weil er für mich ziemlich gut ausdrückt, wie es sich anfühlt, in polyamoren und offenen Beziehungen zu leben. Ganz ohne Wertung fasst er zusammen, dass Dinge nun einmal mehr werden, wenn mehr als zwei Menschen in sogenannten Liebesbeziehungen miteinander involviert sind. „Mehr ist mehr" bedeutet für mich auch, dass ich zu Beginn meiner nicht-monogamen Reise eher darauf fokussiert was, was nicht gut lief oder mich verletzt hat, was schwierig war oder herausfordernd und welchen Dingen ich eigentlich hinterhergetrauert habe. Ich möchte mit euch jedoch auch die bestärkenden und für mich sehr bereichernden Erfahrungen meines polyamoren Daseins teilen. Hier kommt also eine kleine, und so gar nicht vollständige, Sammlung schöner Erfahrungen der letzten acht Jahre.

1) Der Moment, in dem ich begriff, dass meine Beziehungspersonen sich ausgezeichnet verstehen, war, als sie gemeinsam anfingen, mich mit Kleinigkeiten aufzuziehen, die ihnen beiden aufgefallen waren. Kurz war ich verärgert. Wie gemein ist das schließlich auch, wenn da plötzlich zwei Personen sind, die mich extrem gut kennen und sich gemeinsam über meine Spleens lustig machen können?! Im zweiten Moment war ich ziemlich entzückt, weil es durchaus liebevoll gemeint und sehr schön zu beobachten war, wie zwei Menschen, die ganz nah an meinem Herzen sind, über meine seltsamen Verhaltensweisen bonden können.

2) Als ich es mir vor acht Jahren das erste Mal wirklich ernsthaft erlaubt habe, über nicht-monogame Beziehungen nachzudenken, empfand ich das auch als sehr befreiend. Ich hatte zum ersten Mal das Gefühl, dass es okay und erlaubt ist, meine Bedürfnisse vor mir selbst und vor allen anderen offen auszusprechen, und das Gefühl war wahnsinnig schön. Ich denke, dass es bis heute angehalten hat, und auch wenn es zeitweise schwer war, ehrlich zu mir selbst zu sein, hat es mich eigentlich immer bereichert, das Gefühl zu haben, dass ich meine Bedürfnisse und Wünsche nicht zurückstecken oder unterdrücken muss, damit meine Beziehung(en) funktionieren. Ich habe durch Polyamorie und offene Beziehungen im Allgemeinen Offenheit und Ehrlichkeit gelernt, und dafür bin ich wahnsinnig dankbar.

3) In einem Ted Talk über „Das Geheimnis von Begehren in Langzeitbeziehungen" hat sich die Paartherapeutin Esther Perel mit den folgenden Worten geäußert: „Wir treffen also auf eine einzige Person und wollen, dass sie uns all das gibt, was früher ein ganzes Dorf leistete: Gib mir ein Zugehörigkeitsgefühl, gib mir Identität, gib mir Kontinuität, aber gleichzeitig auch Transzendenz, Rätsel, beeindrucke mich. Gib mir Komfort, gib mir Aufregung. Gib mir Neues, gib mir Vertrautheit. Gib mir Vorhersehbarkeit, gib mir Überraschungen. Und das finden wir selbstverständlich."[1]

Als ich den Ted Talk das erste Mal vor fünf Jahren gehört habe, musste ich sehr viel lachen und habe am Ende überrascht feststellen müssen, dass polyamore Beziehungen diesen riesigen Anspruch an eine Person aufheben. Polyamorie, so wie ich sie praktiziere, erlaubt es mir, mit unterschiedlichen Menschen in meinem Leben unterschiedliche Dinge zu teilen. Ich kann beispielsweise mit einer Beziehungsperson wandern gehen, in kalte Regionen dieser Welt reisen, Pläne weit im Voraus machen und ihr zum Einschlafen vorlesen. Mit einer anderen kann ich dagegen in warme Regionen fahren,

Sport machen, spontan sein und puzzeln. Ich habe in nicht-monogamen Beziehungen die Möglichkeit für mich entdeckt, meine Bedürfnisse auf viele Schultern zu verteilen und nicht die Anspruchshaltung zu haben, dass eine Person mir alles, was ich mir auch nur potenziell wünsche, geben kann. Manchmal kriege ich Angst, wenn ich mir vorstelle, dass eine meiner Beziehungen zu Ende gehen könnte und dass ich dann zu viel sein könnte für eine einzelne Person. Schließlich sind da nicht nur die tollen Aktivitäten, sondern auch mein mental health-Monster, und auch hier ist es für mich erleichternd zu wissen, dass ich von unterschiedlichen Menschen Unterstützung bekomme. In solchen Momenten erinnere ich mich gerne daran, dass mein Leben sich nicht nur um Liebesbeziehungen dreht, sondern auch um ganz viele andere tolle Menschen, die ganz nah an meinem Herzen sind und mir wahnsinnig viel bedeuten, so wie ich ihnen auch.

4) Das erste Mal gemeinsam mit meinem Polykül[2] in den Urlaub zu fahren, oder in einem Bett zu schlafen, einfach, weil wir darauf Lust hatten. Das erste Mal zu merken, dass meine Eltern und andere Menschen sich ganz selbstverständlich nach all meinen Beziehungen erkundigen oder einfach nur mit „Masel tov" reagierten, als ich sehr viel Angst davor hatte, ihnen davon zu erzählen, dass ich polyamor lebe. Das erste Mal gemeinsam ernsthafte Babygespräche führen und über Silvester zusammen wegfahren. Das erste Mal merken, dass meine Beziehungsperson sich verliebt und mich nicht verlässt oder plötzlich langweilig findet. Das erste Mal da sein, wenn meine Beziehungsperson mir von ihrem tollen oder nervigen oder langweiligen Date erzählt und wir kuschelnd im Bett liegen und uns darüber austauschen. Das erste Mal gemeinsam für eine Person schwärmen oder flirten oder gemeinsam eine Person daten. Das erste Mal zwei Menschen gleichzeitig begehren und mich nicht entscheiden müssen, obwohl das das ist, was die Gesellschaft uns vorlebt.

FAQ Polybeziehungen

Stellt euch vor, Person 1 und Person 2 laufen sich zufällig über den Weg und folgendes Gespräch kommt zustande:

Person 1: Oh, hallo, schön dich zu sehen, was machst du heute so?

Person 2: Ich geh mit meinen Partner*innen ein Eis essen, und du?

Person 1: Ach, spannend. Sag mal, schlaft ihr dann eigentlich auch alle miteinander?

Innerhalb weniger Sekunden ist das Gespräch von belanglos zu intim und von Smalltalk zu Sexleben gerutscht. Menschen in Polybeziehungen machen häufig genau diese Erfahrung, immer und immer wieder aufs Neue. Beim Eis essen, Spazieren gehen, in der Sauna, beim Bier trinken in einer großen Runde von Menschen oder auf einer Party zwischen Musikanlage und Tür. Plötzlich und unverhofft ploppen sie auf. Neugierige Fragen. Niemand fragt danach, ob diese Fragen gerade angebracht sind oder die andere Person überhaupt über ihre Beziehungen reden möchte.

Dabei sind Fragen so wichtig. Sie können neue Impulse setzen, dabei helfen, sich weiterzuentwickeln, oder Veränderungen anstoßen. Deswegen mein Appell: Fragt bewusst! Häufig wird beim Fragen nämlich vergessen, dass es wichtig ist, **wem die Frage gestellt wird** und **wie sie formuliert ist.**

Um Antworten auf Fragen zu bekommen, muss nicht immer die erste Gelegenheit, eine Person, die „live“ berichten kann, auszufragen, ergriffen werden. Und vor allem ist es wichtig, sich zu fragen, was man mit der Frage eigentlich herausfinden will. Möchte ich Tipps oder Hinweise erhalten? Will ich die Person besser kennenlernen? Oder ist es pure Neugierde? Für Letzteres habe ich eine Liste von Fragen erstellt, die die meisten frequently asked questions beantwortet, ohne dass ihr Menschen die gleiche Frage zum vermutlich 128-sten Mal stellen braucht und die euch außerdem die Möglichkeit bietet, einen ersten Eindruck von Polybeziehungen zu erhalten. Zugleich findet ihr Tipps, wie manche Fragen besser gestellt werden können, ohne unerwartet intimes Terrain zu betreten, und möglicherweise ein Gespräch zu führen, was über die reine Befriedigung von Neugierde hinausgeht.

Denn die Devise lautet: Nur weil jemand mehrere Liebesbeziehungen gleichzeitig führt, ist das noch lange kein „all you can ask“-Freifahrtschein für alle anderen.

Was ist eigentlich der Unterschied zwischen Polyamorie und offenen Beziehungen?

Den Unterschied zwischen Polyamorie und offenen Beziehungen setzen viele Menschen, indem sie emotionale Verbindlichkeit von sexueller Verfügbarkeit unterscheiden. Manchen Menschen fällt es leichter, die emotionalen Aspekte mit Menschen außerhalb der bereits bestehenden Beziehung auszuklammern. Das kann unterschiedliche Gründe haben, es ist jedoch wichtig, nicht zu vergessen, dass Emotionen häufig außerhalb unserer Kontrolle liegen – einzig und allein unsere Handlungen lassen sich direkt steuern und beeinflussen. Das schreibe ich, weil ich gerne zeigen möchte, dass es schwierig sein kann, Emotionen komplett auszuklammern, selbst in Form von Absprachen oder Regeln. Ich finde, dass es realistischer ist, sich darauf zu einigen, was im Falle eines Falles gemacht wird und wie dann mit den Emotionen umgegangen wird, denn einem Menschen vorzuwerfen, dass man sich darauf geeinigt hatte, keine Emotionen zu empfinden, ist häufig unrealistisch.

Bist du nicht eifersüchtig?

Ähnlich wie die Frage danach, ob Menschen zu irgendeinem Zeitpunkt sterben, denn das tun sie gewiss, ist diese Art von Frage überflüssig. Natürlich sind die meisten Menschen zu irgendeinem Zeitpunkt eifersüchtig. Ob Monobeziehungen oder Polybeziehungen, beide sind kein magisches Schutzschild vor dem Gefühl von Eifersucht. Eifersucht ist sogar wichtig. Warum? Weil sie die Spitze des Eisbergs ist. Sie ist der Moment, in dem einer*m klar wird, dass tief in einer*m verborgene Ängste, Unsicherheiten, Zweifel etc. liegen. Eifersucht deutet in all ihrer Komplexität auf etwas hin und bietet einer*m so meistens zum allerersten Mal die Gelegenheit, sich mit sich selbst auseinanderzusetzen.

Anders gefragt: Darf ich dich fragen, wie du mit Eifersucht umgehst? Hast du Strategien/Hinweise, die du mir empfehlen kannst?

Kennen sich deine Partner*innen?

Auch hier geht es eigentlich um etwas anderes, ähnlich wie bei der Frage davor. Eben nicht einfach nur darum, herauszufinden, ob sich die einzelnen Menschen untereinander kennen, sondern auch, ob man ein Gefühl von Konkurrenz empfindet, sich miteinander vergleicht oder die andere Beziehung geheim hält. Ganz nach dem Motto: “Don’t ask, don’t tell.“ Ehrlichkeit und Vertrauen sind hier genauso wichtig wie in jeder anderen Beziehung auch. Auch aus Erfahrung: Das mysteriöse Misstrauen gegenüber der unbekannten Person verflüchtigt sich genau dann, wenn es demystifiziert wird und man einander kennenlernt. Es ist schön zu merken, dass die andere Person in der Regel nicht vorhat, meine Rolle einzunehmen oder mich zu verdrängen – platt gesagt, dass sie mir nichts Böses will. Im Gegenteil, es kann sogar sehr schön sein zu merken, dass ich meine Begeisterung für meine Partner*innen mit einer anderen Person teilen kann. In dem Sinne: Meine Partner*innen wissen voneinander, sie mögen sich sogar sehr gerne und wir machen regelmäßig Polyfamilientreffen oder -ausflüge.

Anders gefragt: War es für dich schwer, die Partner*innen deiner Beziehung(en) kennenzulernen? Teilt ihr viel aus der jeweils anderen Beziehung miteinander?

Kriegst du das zeitlich überhaupt hin?

Diese Frage lässt sich schnell beantwortet: Natürlich kriege ich das zeitlich hin, sonst könnte ich keine zwei Beziehungen gleichzeitig führen. In meiner Wahrnehmung geht es bei dieser Frage häufig um „genug" Zeit: Wie kannst du genug Zeit für alles haben, wenn du mehrere Beziehungen gleichzeitig führst? Dabei schwebt die Angst im Raum, dass bei mehreren Partner*innen automatisch die quality time mit einer von diesen Personen zu kurz kommt. Mehrere Beziehungen müssen nicht automatisch bedeuten, dass ich mich immer zwischen zwei oder mehr Personen entscheiden muss. Es macht Situationen erheblich einfacher, wenn sich alle miteinander verstehen und manche Aktivitäten gemeinsam als Polyfamilie stattfinden können. Gleichzeitig ist es mir wichtig, dass die einzelnen Beziehungen nicht zu kurz kommen und hin und wieder Dates ausgemacht werden, um Zeit zu zweit verbringen zu können. Letzten Endes ist es wichtig, zwei Dinge nicht zu vergessen. Erstens haben Menschen auch andere Dinge in ihrem Leben, die ihnen wichtig sind, wie Freund*innen, ihr WG-Leben, Sport, Zeit für sich, etc. Und diese Dinge brauchen auch Zeit. Selbst wenn ich eine geschlossene Monobeziehung führen würde, hieße das nicht, dass ich mehr Zeit für meine Beziehung hätte, als ich sie jetzt habe. Zweitens musste ich lernen, dass Flexibilität ungemein wichtig ist und mehr zeitliche Freiräume schafft als gedacht.

Anders gefragt: Wie kriegst du es hin, deine Zeit gut zu managen? Hast du bestimmte Strategien? Fällt es dir schwerer, mit mehreren Beziehungen zeitlich alles unter einen Hut zu kriegen?

Schlaft ihr alle miteinander?

Davon abgesehen, dass nicht jeder Mensch gerne und viel und zu jedem Zeitpunkt über sein Sexleben spricht, liegt dieser Frage ein falsches Verständnis von Polyamorie zugrunde. „Polyamorie" setzt sich aus dem griechischen Wort „polýs" („viele, mehrere") und dem lateinischen Wort „amor" („Liebe") zusammen. Sexuelles Begehren spielt an dieser Stelle noch keine Rolle, es geht ausschließlich darum, mehrere Menschen gleichzeitig zu lieben. Wie einzelne Menschen ihre Polybeziehungen gestalten, ob sie körperliches Interesse aneinander haben oder nicht, ob sie alle gleichzeitig miteinander schlafen oder sich zum Kuscheln treffen, ob sie ausschließlich mit einer Person Sex haben oder regelmäßig mit vielen, die nichts mit den Liebesbeziehungen zu tun haben, kann eine komplizierte Frage sein. Sie hat jedoch nicht viel damit zu tun, dass Menschen Polybeziehungen führen. Polybeziehungen können genau so offen oder geschlossen sein wie alle anderen Beziehungen auch. Sie implizieren nämlich zu keinem Zeitpunkt eine größere Bereitschaft, wilde Sexorgien mit Menschen zu veranstalten, die einer*m nahestehen.

Davon abgesehen ist das eine sehr intime Frage. Sie wurde mir schon des Öfteren gestellt, ob bei einem Vortrag vor rund 500 Menschen, während eines kleinen Workshops oder im Zweiergespräch. Meiner Meinung nach hängt die Frage sehr eng damit zusammen, dass Polyamorie in den Medien gerne als „Wir liegen alle zusammen im Bett und nur unsere Füße schauen raus" dargestellt wird. Polyamorie wird immer und immer wieder übersexualisiert und auf Sex reduziert. Das ist ziemlich frustrierend und in den allermeisten Fällen einfach nicht richtig. Daher möchte ich erneut dazu aufrufen, bewusst und respektvoll Fragen zu stellen und die persönlichen Grenzen von Menschen nicht zu übergehen, auch wenn die Neugierde noch so groß ist.

Also hast du wohl andauernd Sex mit vielen unterschiedlichen Menschen?

Siehe Frage davor.

Gibt es eine Hierarchie zwischen deinen Beziehungen?

Es gibt viele Menschen, die Wert darauf legen, ihre Beziehungen nach „primär" („primary") und „sekundär" („secondary") zu unterscheiden. Das kann unterschiedliche Gründe haben. Manchen fällt es dadurch leichter, ihre Zeit und Ressourcen zu managen, andere teilen vielleicht die Verantwortung für Kinder mit ihrer primären Beziehung und wieder andere wollen, dass ihre Beziehung durch die Bezeichnung „primär" etwas Besonderes bleibt.

Die Unterscheidung kann sinnvoll sein, wenn sie sich von alleine so ergibt und fügt. Wenn sich die Beziehung also als zum Beispiel sekundäre etabliert, ohne dass ich von Anfang an versucht habe, eine Beziehung in ihrer Entstehungsphase in eine fertige Vorstellung von „sekundär" oder „primär" zu pressen.

Die Gefahr liegt für mich allerdings darin, dass „primary" und „secondary" implizieren, dass etwas an erster Stelle kommt und etwas an zweiter. Das kann zur Folge haben, dass sich Menschen als weniger gleichwertig fühlen und eine Hierarchie nicht nur im Sinne von Zeit und Ressourcenmanagement etabliert wird, sondern auch eine Hierarchisierung von Menschen und deren Ängsten, Wünschen und Bedürfnissen. Ich bevorzuge es, Beziehungen individuell zu gestalten, ohne dabei Begriffe wie „primary" und „secondary" zu benutzen. Beziehungen sind von Grund auf unterschiedlich und lassen sich nicht miteinander vergleichen oder gegeneinander abwägen. Nur, weil ich eine Beziehung seit fünf Jahren führe und eine andere seit einem Jahr, bedeutet das nicht „Wer zuerst kommt, mahlt zuerst". Die beiden wichtigsten Pfeiler sind an dieser Stelle wohl Transparenz und Ehrlichkeit. Insbesondere ist es wichtig, sich folgende Fragen zu stellen: Welche Wünsche und Erwartungen stehen für die andere Person hinter dem Konzept „secondary/primary partner"? Wie viele meiner Bedürfnisse können und werden in so einer Form von Beziehung erfüllt? Besteht die Möglichkeit, dass ich jemals ein „primary partner" werden kann (wenn ich das möchte)?

Mit wem fährst du in den Urlaub?

Ich fahre sehr gerne mit meinen Partner*innen jeweils alleine in den Urlaub, weil ich es genieße, mich auf eine Person konzentrieren zu können. Gleichzeitig ist es auch wichtig für uns alle, dass wir von Zeit zu Zeit gemeinsam als Polykül wegfahren. Das Gefühl dabei ist ein komplett anderes und die Intention dahinter auch, aber das macht es nicht weniger schön.

Das besondere an einem Urlaub ist wohl, dass eine Situation geschaffen wird, in der man unter Umständen längere Zeit ausschließlich mit einer Person verbringt. Man schafft einen über den Alltag hinausgehenden Moment der Zweisamkeit und somit entsteht eine kurze Monogamieblase, die sonst nicht vorhanden ist. Urlaub kann dementsprechend ein schwieriges Thema sein und unterschiedliche Konflikte mit sich bringen. Für mich waren bislang die Urlaubsziele schwierig, die ich auch mit der jeweils anderen Person besuchen wollte, wofür ich aber keine Zeit oder kein Geld hatte. Die Auseinandersetzung mit dem Gefühl von Neid kann dabei ziemlich unangenehm sein.

Redet ihr über/Habt ihr Safer Sex?

Es ist besonders in Polybeziehungen wichtig, über Safer Sex zu reden, weil man potenziell die Verantwortung für mehr als eine weitere Person trägt. Wenn ich mit meiner Beziehungsperson schlafe und ihr eine Infektion übertrage und sie wiederum mit ihrer Partnerin ungeschützt Sex hat und ihre Partnerin ungeschützt einen One-Night-Stand mit einer Partybekanntschaft hat, bin nicht nur ich von der Infektion betroffen, sondern mindestens drei weitere Personen.

Polybeziehungen implizieren nicht automatisch einen vernünftigeren Umgang mit Safer Sex, aber sie implizieren eine Verantwortung, die über eine zweite Person hinausgehen kann. Und diese Verantwortung sollte nicht unterschätzt oder ignoriert werden.

Reichen dir zwei Personen nicht?

Manchmal sind Menschen überrascht, wenn ich ihnen erzähle, dass ich mich in andere Menschen verknalle oder schwärme oder Sex mit anderen Menschen habe. Dabei haben sie sich gerade erst daran gewöhnt, dass ich zwei Beziehungspersonen habe – wieso „brauche“ ich noch mehr, wundern sich manche Menschen. Ich habe inzwischen den Eindruck, dass einige Menschen verstehen, dass ich zwei Beziehungen habe, sich das jedoch damit erklären, dass ich wohl mehr als eine Person „brauche“. Und drei und mehr Menschen gelten als gierig.

Ich denke, dass unausgesprochen der Vorwurf im Raum steht, maßlos zu sein. Das lässt mich daran zweifeln, ob mensch es wirklich verstanden hat, was es für mich bedeutet, polyamor zu leben. Denn es geht nicht um „brauchen“ oder „haben“, es geht vielmehr um „können“ und „wollen“. Ich kann mehr als eine Person gleichzeitig lieben, begehren, toll finden. Und ich will dafür offen sein können, neue Menschen kennenzulernen und mich darauf einzulassen. Das wiederum hat nichts damit zu tun, ob ich das im Moment „möchte“. Polyamorie stellt für mich lediglich einen Topf voller Möglichkeiten und ehrlicher Gespräche über Bedürfnisse dar.

Für mich? Für dich? Für uns? Für wen bin ich hier eigentlich verantwortlich?

Die Antwort scheint auf der Hand zu liegen. Klar, ich bin in erster Linie für mich selbst verantwortlich. Ich bin zum Beispiel für meinen Körper verantwortlich. Wie ich ihn jeden Tag aufs Neue einkleide und mir überlege, wie ich der Gender-Binarität die Stirn bieten kann. Ich trage dafür Verantwortung, wenn ich blöde Entscheidungen treffe, zu viel Geld für Dinge ausgebe, die ich nicht brauche, oder mich lange nicht bei Menschen melde, die ich sehr gerne mag. Das alles sind Entscheidungen, für die ich verantwortlich bin. Ich entscheide, mit wem ich eine Beziehung oder eine Freund*innenschaft eingehen will (natürlich konsensuell) und ich entscheide auch, wann mir das nicht mehr guttut.

So weit, so gut. Aber was ist mit den Momenten, in denen ich eigentlich in meinen Texten über Situationen schreiben wollen würde, die mich beschäftigen, damit aber andere Menschen entlarven/outen/der Öffentlichkeit aussetzen würde? Bin ich in solchen Momenten dann auch nur für mich verantwortlich? Ich glaube nicht. Das sind Entscheidungen, die mir manchmal schwerfallen, weil ich mir dann ganz trotzig denke, dass das doch aber auch mit mir zu tun hat. Ich will so gut ich kann auf die Grenzen anderer Menschen achten. Das bedeutet aber auch, dass ich ein Medium weniger zur Verfügung habe, um meine eigenen Bedürfnisse und Gefühle zu verarbeiten und zu teilen. Aber nicht alles, was mir guttut, ist auch zwangsläufig gut für die anderen Menschen in einem Polykül. Ich weiß intime Dinge, wir teilen vertrauliche Gefühle, und ich bin dafür verantwortlich, dass ich sie nicht ohne die Zustimmung der anderen Person(en) preisgebe, entlarve und den Augen und Ohren der Öffentlichkeit aussetze. Klingt platt, ist aber so. Ich habe damit zu hadern, klar, ich würde hier manchmal richtig gerne über Situationen schreiben, die mich beschäftigen, mich stören oder traurig machen. Stattdessen bringe ich sie woanders unter, beispielsweise in Gesprächen mit Freund*innen und meinen Tagebüchern und schreibe so gut ich kann aus meiner Perspektive.

Denn eine Tatsache, die mir als monogam lebende Person nicht bewusst war, ist, dass in Polybeziehungen vieles einander beeinflusst und wir noch mal mehr – oder anders – Verantwortung für einander tragen, als es in Zweierbeziehungen der Fall ist.

Es fängt bei Kleinigkeiten an. Gemeinsam in den Urlaub zu fahren zum Beispiel. Vielleicht genau in den gleichen Ort, über den man auch schon mit der anderen Person seit Jahren geredet hat. Mit dem Polykül einen Ausflug machen und merken, dass Menschen sich unterschiedlich viel körperliche Zuneigung schenken, was wiederum einige verunsichert. Den Alltag zusammen planen und plötzlich merken, dass man viel mehr Zeit mit der einen Beziehung verbringt als mit der anderen. Sich streiten, sich trennen, trauern. Alles Situationen, die mir spontan einfallen, wenn ich daran denke, wie mehrere Beziehungen gleichzeitig einander beeinflussen können. Das ist echt hart, denn vielleicht will man das gar nicht, aber es kommt eben doch vor. Sei es nun das Gefühl, das man aus der einen Beziehung in die andere mitnimmt, weil man sich gerade heftig gestritten hat. Oder die konkrete Situation, in der man neidisch ist, dass in der anderen Beziehung etwas anders läuft und man sich benachteiligt oder abgehängt fühlt. Der Punkt ist, dass Beziehungen in Polykülen einander beeinflussen. Für mich liegt die gemeinsame Verantwortung darin, sich das bewusst zu machen und damit zu arbeiten und umzugehen.

Dass eine Beziehungsperson in die gleiche WG gezogen ist wie ich, war zum Beispiel eine Sache, die wir gemeinsam besprechen mussten, denn das ist eine Veränderung gewesen, die wir nicht nur zu zweit aushandeln konnten. Wie viel Raum schafft das Zusammenziehen für alle Beziehungen? Und wie viel für uns als Einzelpersonen? Wie viel teilen wir dann miteinander und wie viel wollen wir überhaupt miteinander teilen? Was hat es für Auswirkungen auf alle Beziehungen? Das waren ein paar der Fragen, die uns alle beschäftigt haben.

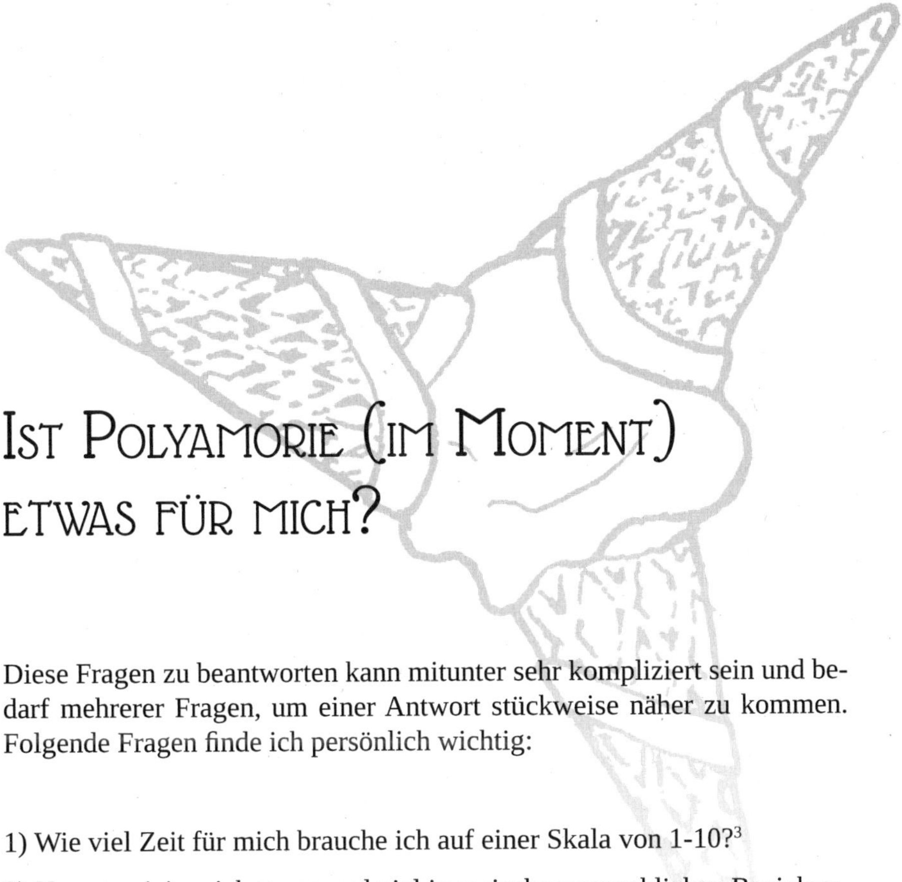

Ist Polyamorie (im Moment) etwas für mich?

Diese Fragen zu beantworten kann mitunter sehr kompliziert sein und bedarf mehrerer Fragen, um einer Antwort stückweise näher zu kommen. Folgende Fragen finde ich persönlich wichtig:

1) Wie viel Zeit für mich brauche ich auf einer Skala von 1-10?[3]

2) Kommuniziere ich gerne und viel in zwischenmenschlichen Beziehungen? Bin ich im Moment in der Lage und habe die Kapazitäten dafür, emotionale Arbeit und Energie in mich selbst und in meine Beziehung(en) zu investieren?

3) Wie gut komme ich damit zurecht, Pläne auszumachen, einzuhalten und mich langfristig zu verabreden?

Ich denke, dass all diese Fragen für jegliche zwischenmenschlichen Beziehungen wichtig und relevant sein können. Ich habe jedoch den Eindruck, dass sie besonders für polyamore Beziehungen eine wichtige Rolle spielen. Ich möchte versuchen, euch zu erklären, wieso.

Wie viel Zeit für mich brauche ich auf einer Skala von 1-10?

Me time ist etwas universell Wichtiges für viele Menschen, und zwar ganz unabhängig von zwischenmenschlichen Beziehungen. Kathy Labriola macht den Punkt auf, dass Menschen, die sich auf einer 9 oder 10 verordnen würden, also sehr viel Zeit für sich brauchen, eher selten romantische Beziehungen eingehen werden. Das hängt damit zusammen, dass verhältnismäßig wenig Zeit für andere Menschen übrig bleibt, wenn man die meiste Zeit mit sich verbringen möchte. Sie sagt auch, dass Menschen, die sich auf dieser Skala sehr weit entfernt voneinander verorten, nicht besonders kompatibel sein werden. Es sein denn, polyamore Beziehungen unterstützen diese Menschen darin, ihren jeweils eigenen Bedürfnissen nachzukommen.

Ich stimme Kathy weitestgehend zu. Es gibt viele Menschen, die sich nicht gerne auf einer Skala verorten, das erscheint ihnen zu starr und unflexibel. Mir helfen Skalen jedoch dabei zu verstehen, was meine individuellen Bedürfnisse sind und wie diese mit dem übereinstimmen, was ich mir mit und von anderen Menschen wünsche.

Ich würde mich im Moment beispielsweise auf einer 5 verorten. Vor einiger Zeit hätte ich gesagt, dass ich mich eher auf einer 3 oder 4 verorte. Lohnarbeit hat diese Einschätzung verändert und im Zusammenhang damit haben sich auch meine Beziehungen verändert. Ich bin im Moment häufiger unzufrieden mit der wenigen Zeit, die mir bleibt, um meine Beziehungspersonen zu sehen, Zeit mit Freund*innen zu verbringen und besonders Zeit für mich zu haben. Als ich noch studiert habe, fiel es mir wesentlich leichter, alles unter einen Hut zu kriegen. Ich schätze, dass es viele Menschen gibt, die ähnliche Probleme haben. Deswegen ist die Frage „Wie kriegst du das alles zeitlich hin?“, die, wie ihr euch vielleicht noch erinnert, mir so häufig gestellt wird, nicht unwichtig.

Polyamorie eröffnet die Möglichkeit, sich auf eine ehrliche und aufrichtige Art und Weise in andere Menschen zu verlieben und neue Bindungen einzugehen. Damit einher geht jedoch auch die (sehr realistische) Möglichkeit, sich zu übernehmen. Denn neue Beziehungsenergie (NBE) ist etwas, das nicht unterschätzt werden sollte. Ich kenne viele Menschen, die sich verlieben und das Gefühl haben, dass sie alles schaffen können und wollen. Das ist eine sehr nachvollziehbare Reaktion auf intensive Gefühle. Sobald diese Gefühle jedoch schwächer werden und sich eine etablierte Beziehungsenergie (EBE) einstellt, kann es sehr ernüchternd werden.

Ich bin mir gerade mehr als zuvor dessen bewusst geworden, dass es wichtig ist, meine eigenen Grenzen zu kennen und zu wissen, was ich mir zutrauen kann. Im Moment habe ich keinen Platz in meinem Leben, um mehr als zwei Beziehungen in der Intensität zu führen, wie ich sie gerade führe. Das ist eine sehr ehrliche Erkenntnis und auch wenn es mich traurig macht zu merken, dass ich dadurch andere, tolle Menschen nicht intensiver kennenlernen kann, ist es mir wichtig, dass ich genau diese Feststellung nach außen kommunizieren kann.

Zu wissen, wie viel Zeit Menschen haben, um realistisch einschätzen zu können, was sie anderen Menschen anbieten können, führt zu weniger Verletzungen, weniger Überforderung im Allgemeinen und bringt eine*n ein Stück weit der Antwort auf die Frage „Ist Polyamorie (im Moment) etwas für mich?“ näher.

Kommuniziere ich gerne und viel
in zwischenmenschlichen Beziehungen?
Bin ich im Moment in der Lage und habe die Kapazitäten dafür,
emotionale Arbeit und Energie in mich selbst
und in meine Beziehung(en) zu investieren?

Diese Fragen hängen eng miteinander zusammen, denn sie spielen beide darauf an, dass Polyamorie häufig mit sehr viel Kommunikation verbunden ist. Das liegt unter anderem daran, dass in nicht-monogamen Beziehungen offen über das eigene Begehren gesprochen wird. Und da wir nahezu alle in einem monogamen, heteronormativen und Besitzanspruch-geprägtem Umfeld aufgewachsen sind, kann es Menschen schwer fallen, diese gelernten Werte durch andere Werte zu ersetzen.

Viele Menschen denken, dass sich ihre Gefühle automatisch anschließen, sobald sie kognitiv begriffen haben, was sie sich in Beziehungen wünschen und das praktisch umsetzen.

Wenn es nur so einfach wäre. Es dauert manchmal sehr, sehr lange, bis das Gefühl zu dem passt, was man kognitiv für wichtig, richtig und erstrebenswert hält. Und dieser Widerspruch kann unter Umständen sehr schmerzvoll sein.

An dieser Stelle kommt Kommunikation ins Spiel. Über schmerzvolle, schöne und widersprüchliche Erfahrungen und Gefühle zu sprechen, kann vieles erleichtern und eine Bindung zwischen Menschen schaffen, die zeigt, dass man sich für die jeweiligen Gefühle interessiert und Rücksicht nehmen möchte. Polyamorie hat mit Respekt zu tun, und das kann bedeuten, dass man sich über mehrere Wochen über die eigenen Eifersuchtsgefühle austauscht und dem Raum gibt, was alles andere als einfach sein kann. Deswegen betone ich gerne und oft, dass Kommunikation, ob verbal oder non-verbal, mit das Wichtigste in polyamoren Beziehungen ist. Menschen, die von sich wissen, dass sie keine Energie, Lust, Zeit oder Kapazitäten haben, um sich damit auseinanderzusetzen, werden es schwer(er) haben, polyamore Beziehungen zu führen.

Wie gut komme ich damit zurecht, Pläne auszumachen, einzuhalten und mich langfristig zu verabreden?

Diese Frage steht in einem direkten Bezug zu Kathy Labriolas „Polyamory Breakup Book“, in dem sie die häufigsten Gründe für Trennungen in polyamoren Beziehungen aufzählt. Einer der häufigsten Gründe ist die Inkompatibilität wenn es darum geht, Verabredungen zu treffen, Pläne zu schmieden und sich grundsätzlich für alle Beziehungspersonen Zeit zu nehmen.

Ich habe die Erfahrung gemacht, dass mehrere Beziehungen zu führen zeitlich aufwendig sein kann. Wäre ich nicht eine Person, die gerne und viele Pläne macht und sich konkret auf Dates, Urlaube und ähnliches verabredet, wäre es wohl viel schwieriger für mich, zwei Beziehungen zu führen.

Ich kenne Menschen, die gemeinsame Google-Kalender haben oder einmal die Woche eine regelmäßige Date-Nacht ausmachen oder schlichtweg in ihrem Polykül zusammenleben, weil das die Organisation erleichtert. Letztlich geht es darum, dass ihr für euch einen Weg findet, einer Überforderung und einem zeitlichen Chaos zu entkommen. Manchen Menschen fällt das sehr leicht und anderen nicht.

Und dann gibt es noch einen letzten, aber sehr wichtigen Aspekt, der mir sehr häufig in meinen Beziehungscoachings begegnet. Es ist die Frage danach, wie lange man sich Zeit nimmt, um all diese Veränderungen auf sich wirken zu lassen und unter Umständen das Gefühl auszuhalten, dass es sich ganz schön schwer, und ehrlich gesagt scheiße, anfühlt. Das ist vielleicht die schwierigste aller Fragen, denn für manche Menschen kann es sehr lange dauern, um alte Werte und Beziehungsvorstellungen zu trauern und Abschied zu nehmen, selbst wenn sie es kognitiv gut, wichtig und schön finden, polyamor zu leben. Für andere Menschen ist Polyamorie genau das, wonach sie sich schon immer gesehnt haben. Und für wieder andere Menschen dauert es nur zwei Wochen, bis sie sich an all die Veränderungen gewöhnt haben.

Diese ist also vielleicht die schwerste aller Fragen, denn auf sie gibt es keine konkrete Antwort. Bei mir hat es zwei Jahre gedauert, bis ich von dem Abschied nehmen konnte, was ich mir für mich und mein Leben ausgemalt hatte. Es hat zwei Jahre gedauert, bis ich überhaupt verstanden habe, was meine Eifersucht alles verborgen hält und auch zwei Jahre, um zu begreifen, dass Polyamorie mehr mit der anderen Person zu tun hat als mit unserer Beziehung und gleichzeitig so viel mit mir gemacht hat, dass ich auch zwei Jahre gebraucht habe, um in Ansätzen zu begreifen, was diese Beziehungsform mir alles über mich beibringen möchte.

Ich schließe nicht von mir auf andere, denn ich bin ich und ihr seid ihr, deswegen kann ich niemandem sagen, wie lange es dauern wird, und ich kann auch niemandem sagen, ob das Warten sich lohnen wird und mit der Zeit auch schöne Dinge daraus erwachsen. Was ich jedoch sagen kann: Dass ich den Versuch, genau das herauszufinden, sehr wertvoll finde, denn wenn ihr euch auf den Versuch einlassen wollt und es sich selbst nach einem oder zwei Jahren schwer anfühlt, wisst ihr immerhin, was euch in Beziehungen wichtig ist, und habt eine Menge über euch gelernt.

Ich würde also sagen, dass es wichtig ist, sich Zeit zu geben und nicht auf der Grundlage des ersten Gefühls ein Urteil zu fällen. Wie lange ihr euch Zeit gebt, sei ganz euch überlassen. Wichtig ist nur, dass ihr euch genau beobachtet und vielleicht sogar ein Tagebuch führt, um herauszufinden, ob sich an euren Gefühlen und Empfindungen etwas ändert.

Beziehungen öffnen – wo fange ich an?

Ich weiß, ich weiß, nicht alle Menschen kommen irgendwann an den Punkt, an dem sie etwas „zu öffnen“ haben. Viele haben schon ewig nicht-monogame Beziehungen und mussten noch nie etwas öffnen. Andere kommen vielleicht in bestehende Beziehungen dazu oder bezeichnen sich als „solo poly“ oder „single poly“.[4] Und wiederum andere mögen den Ausdruck „offen“ nicht, weil er etwas zwangsläufig Positives suggeriert, lieber ist ihnen „nicht-monogame Beziehungen“. An dem Ausdruck „offene Beziehungen“ gibt es viel Kritik. Und noch viel mehr Kritik gibt es, wenn ich davon rede, Beziehungen zu „öffnen“. Ich muss jedoch zugeben, dass das genau meine Erfahrung war. Ich teile diese Geschichte mit vielen anderen Menschen und deswegen widme ich meinen Text all denjenigen, die sich davon angesprochen fühlen.

Als allererstes bei mir selbst.

Offene Beziehungen verlangen einer*m selbst ganz schön viel Arbeit ab, vor allem, weil man sich über seine eigenen Wünsche und Bedürfnisse Gedanken machen muss. Und es kann schwierig sein, unzählige Jahre Sozialisation zu überwinden, die uns sehr unnachgiebig daran erinnern, dass wir nur eine Person begehren dürfen, es nur eine Liebesbeziehung geben kann, Liebe grundsätzlich auf romantische Liebe reduziert wird und es den einen besonderen Menschen da draußen gibt, der uns vollkommen macht. Die allererste große Herausforderung scheint also zu sein, zwischen „Ich habe gelernt, dass das mein Bedürfnis sein sollte“ und „Das ist mein eigentliches Bedürfnis“ zu unterscheiden. Wir haben gelernt, dass es besser ist, Begehren zu ignorieren und zu verteufeln, wenn es sich auf Menschen außerhalb unserer romantischen Zweierbeziehung richtet. Ich weiß, dass es schwer sein kann, sich dieses Begehren bewusst einzugestehen. Ich würde sogar sagen, dass es schmerzvoll sein kann, weil ich die Erfahrung gemacht habe, dass es mich an meiner Beziehung zweifeln ließ. Liebe ich sie immer noch? Ist das Begehren vielleicht ein Zeichen dafür, dass etwas zwischen uns nicht stimmt? Dabei hatte es (gar) nichts mit meiner Beziehung zu tun, sondern ausschließlich mit mir. Es kann natürlich aber auch ein Signal dafür sein, dass ihr euch in eurer Beziehung nicht wohlfühlt oder euch etwas fehlt. Deswegen können die ersten Fragen an euch selbst sein: Erwächst mein Begehren aus einer Unzufriedenheit mit meiner aktuellen Beziehung oder aus einem Interesse für andere Menschen? Wenn offene Beziehungen als Mittel zum Zweck dienen, um Beziehungen zu retten, werden sie in den meisten Fällen alles schlimmer machen. Denn natürlich macht es die vorherrschenden Probleme nur schlimmer, wenn zusätzliche Herausforderungen dazukommen. Konsensuelle und ethische Nicht-Monogamie funktioniert nur, wenn Menschen an der Beziehungsform Interesse haben.

Theorie ist schön, aber Praxis ist anders.

Sich über offene Beziehungen zu unterhalten, darüber zu lesen, zu reden und die wildesten Vermutungen darüber anzustellen, wie sie in der Praxis wohl aussehen werden, ist die eine Sache. Nicht-Monogamie im Alltag auszuprobieren und zu leben ist ein ganz anderer Schnack. Ich glaube, dass es total schön und wichtig ist, sich vorher darüber klar zu werden, wie man Dinge definiert, Grenzen absteckt und für sich klarkriegt, was man sich von der offenen Beziehung erwartet und erhofft. Die Realität wirft meistens alles dreimal über den Haufen. Was auch okay ist, schließlich kann niemand wissen, wie es sich tatsächlich anfühlt, wenn sich die Beziehungsperson in einen anderen Menschen verliebt oder die erste Nacht bei einer Lover-Person verbringt. Und selbst wenn man das Gefühl kennt, kann jede neue Situation eine neue Herausforderung sein. Wird es sich wieder so anfühlen? Vermutlich nicht, nein, aber die Erfahrung wird euch vielleicht – ähnlich wie mich – erleichtern und Entspannung bringen und ein bisschen erfahrener aus jeder neuen Situation rausgehen lassen. Vielleicht wisst ihr dann mit der Zeit besser, was euch triggert bzw. an eine vergangene Situation erinnert und welche Schritte euch auf jeden Fall guttun. Ich kann von mir sagen, dass ich mich jedes Mal aufs Neue an offene Beziehungen herantaste. Klar, die Erfahrung macht es von Mal zu Mal entspannter, aber Grenzen und Bedürfnisse auszuhandeln, kann von Mensch zu Mensch unterschiedlich sein. Ich versuche, nicht davon auszugehen, dass mein Gegenüber das Gleiche will wie ich. Und auch nicht das Gleiche wie andere Menschen in ähnlichen Situationen.

Trial and Error

Eigentlich bleibt nur der Versuch. Vorbereitung ist super, aber bevor ihr es nicht in der Praxis probiert habt, wisst ihr nicht, was für euch funktioniert und was nicht. Für viele Menschen ist das superbeängstigend. Was, wenn wir uns verletzten? Oder noch schlimmer, was, wenn wir danach nicht mehr zusammen sein wollen? Ich denke, dass die Frage vielmehr ist, ob ihr euch vorstellen könnt, das ihr das Interesse an dem Thema verliert. Ist das etwas, worauf ihr jetzt gerade Lust habt und in einer Woche nicht mehr? Macht es euch unglücklich, wenn das Thema offene Beziehung komplett vom Tisch ist? Es kann helfen, sich eine Liste mit Dingen zu machen, die man durch eine offene Beziehung „verlieren“ könnte oder vielleicht aufgeben müsste, und eine mit Dingen, die man durch eine offene Beziehung dazugewinnt. So würdet ihr sehr schön sehen, was euch Angst macht und ob das Dinge sind, an denen ihr gemeinsam (oder alleine) arbeiten könnt und wollt.

Wie sehen meine Grundüberzeugungen von Beziehungen aus?

Manchmal werden sie nicht direkt angesprochen, aber es gibt so viele Überzeugungen und Einstellungen dazu, wie Beziehungen auszusehen haben. Vielleicht ist es der Film von gestern Abend, in dem Eifersucht als etwas Supernegatives dargestellt wurde oder als Aufzeiger dafür, dass Menschen einander etwas bedeuten. Vielleicht wurde vor zwei Wochen an der Supermarktkasse abwertend über offene Beziehungen geredet. Und immer wieder werden Wörter wie „Betrug“ und „offene Beziehung“ oder „Freifahrtschein für mieses Verhalten“ und „Polyamorie“ in einem Atemzug erwähnt. Das macht es nicht besonders einfach, sich dem entgegenzusetzen und eigene Werte und Richtlinien zu entwickeln. Es kann helfen, sich solche Grundüberzeugungen bewusst zu machen und sie zu ersetzen. Klar, man kann nicht von jetzt auf gleich einfach tief sitzende Überzeugungen im Kopf austauschen. Es kann allerdings helfen, sich diese bewusst zu machen und sich immer wieder daran zu erinnern, dass man sich vorgenommen hat, etwas anderes zu vertreten bzw. sich aktiv gegen gängige Normen und Wertvorstellungen von Beziehungen entschieden hat.

Definieren, definieren ...

Ich rede ständig von Definitionen, weil ich glaube, dass sie einiges leichter machen können. Deswegen führe ich sie hier noch einmal auf. Missverständnisse lassen sich häufig durch Definitionen verhindern. Es kann zum Beispiel helfen, während (oder vor) dem Sex darüber zu reden, wo für euch Sex anfängt, damit ihr ein Gefühl dafür bekommt, wie euer Gegenüber Sex versteht. Häufig ist Sex etwas sehr, sehr Fließendes und kann gar nicht genau definiert werden. Schon alleine darin liegt eine Schwierigkeit von offenen Beziehungen. Wie lassen sich Schlüsselbegriffe in Absprachen definieren, sodass alle etwas damit anfangen können? Schwierig … Mein Tipp ist immer, dass Definitionen möglichst genau, aber nicht zu spezifisch sein sollten. Eine Definition kann sehr weitläufig gehalten werden, wenn wir zum Beispiel anstatt von Sex über sexuelle Situation reden. Gleichzeitig geht es darum herauszufinden, wo genau Sex für euch persönlich anfängt und wieso ihr es wichtig findet, eine bestimmte Grenze zu setzen. Manche Menschen einigen sich zum Beispiel darauf, nicht bei jemandem zu übernachten, andere empfinden es als einfacher, alles was mit Penetration zu tun hat auszuschließen. Was für euch richtig ist, das könnt (leider) nur ihr wissen. Ich finde es nur hilfreich, sich des Öfteren zu fragen, wieso einer*m das wichtig ist und welche Sicherheit man dadurch erhält, dass eine bestimmte Handlung ein- oder ausgeschlossen wird.

Konsens abfragen

Konsens ist einer der wichtigsten Punkte. Man kann niemandem nicht-monogame Beziehungen aufzwängen, Menschen müssen das schon wollen. Menschen zu Nicht-Monogamie zu drängen, ist alles andere als konsensuell. Wenn ihr eine offene Beziehung wollt, eure Beziehungsperson aber nicht, gibt es nur wenig Spielraum. Entweder ihr redet darüber und hofft, dass sie ihre Meinung ändert, oder ihr versucht es nach dem Prinzip „Don't ask, don't tell", oder ihr trennt euch schließlich, weil ihr für euch keine gemeinsame Zukunft seht. Leider ist in dem Bereich die Auswahl der Möglichkeiten beschränkt. Denn Nicht-Monogamie (mit einer anderen Person) ist ein gemeinsamer Prozess, den man nur gehen kann, wenn sich alle Beteiligten dazu bereit erklären, sich damit auseinanderzusetzen (oder gut mit der „Don't ask, don't tell"-Absprache leben können).

Es kann sich scheiße anfühlen, selbst wenn ihr das Konzept gut findet und allem zugestimmt habt.

Situationen in offenen Beziehungen können sich immer wieder doof anfühlen. Wenn ihr beispielsweise auf einem Flohmarkt seid und eure Beziehungsperson dabei beobachtet, wie sie mit einem Menschen an einem der Verkaufsstände flirtet, Absprache hin oder her, es kann sich doof anfühlen, genauso wie es sich superschön anfühlen kann – gleichzeitig. Lasst euch nicht so schnell davon verunsichern. Nicht-Monogamie besteht manchmal aus Widersprüchen. Manchmal kann man Dinge verletzend und gleichzeitig schön finden. Mitfreude ist nicht eingleisig, sie ist vielmehr mehrspurig. Ich kann mich mitfreuen und traurig sein und vielleicht verletzt und ein bisschen verunsichert. Und all das in einem Moment. Das kann irritierend und gleichzeitig ziemlich schön sein.

Offene Beziehungen werden nicht eure Beziehungsprobleme verschwinden lassen.

Manche Menschen haben die Hoffnung, dass es ihre bestehende Beziehung retten wird, die Beziehung zu öffnen. Das wäre natürlich schön, und auch eine verhältnismäßig leichte Lösung. In der Realität ist es jedoch sehr selten so, dass sich ein Problem ganz von alleine löst. Haben Menschen beispielsweise keinen Sex mehr, wird der Sex nicht von alleine wieder auftauchen, wenn die Beziehung geöffnet wurde. Manchmal fühlen sich Menschen bei der Vorstellung, dass ihre Beziehungspersonen begehrt werden, erregt und empfinden eine tiefe Verbundenheit bzw. ein aufflammendes Begehren. Dieses hält jedoch in den meisten Fällen nicht lange an. Was danach kommt, ist bei sehr vielen Menschen eher der Schmerz und ein Gefühl der Zurückweisung, weil dieses Begehren eben nicht in der bereits existierenden Beziehung vorhanden ist. Offene und polyamore Beziehungen sind keine magischen Nothaken, an die wir uns hängen können. Die Arbeit müssen wir (leider) immer noch ganz alleine machen.

Wie offen muss meine offene Beziehung sein? Ein Kommentar zum Monopoly-Phänomen

Ich führe zwei Beziehungen. Sie sind die verbindlichsten und intimsten Bindungen in meinem Leben. Manchmal vergesse ich, dass das nicht so selbstverständlich normal ist, wie es sich anfühlt. Immer wieder sind Menschen überrascht, dass ich nicht wilde Orgien veranstalte, jede Woche wechselnde Sexualpartner*innen habe oder von einer Kurzzeitbeziehung in die nächste hüpfe. Häufig verbinden Menschen Polyamorie und offene Beziehungen nicht mit Beständigkeit und commitment. Sie werden als ein Abenteuer gesehen, ein kurzer Abstecher in die Welt des zweifelhaft Unkonventionellen und die Alternative von der Norm.

Aktive und inaktive offene Beziehungen

Deswegen fällt es mir häufig auch schwer, mich ernst genommen zu fühlen. Wenn meine Art und Weise, Beziehungen zu führen und zu lieben, kleingeredet oder bagatellisiert wird, fühlt es sich so an, als ob Menschen nur darauf warten, dass es bald zu Ende geht und sie aus mir einen lebenden

Beweis dafür machen können, dass Polyamorie nicht funktioniert. Dieses Gefühl hatte ich nie, als ich angefangen habe, mich für nicht-monogame Beziehungsformen zu öffnen. Ich habe mich verstanden und gesehen und in meinen Bedürfnissen durchaus ernst genommen gefühlt – zumindest, solange ich aktiv offene Beziehungen geführt habe.

Ich sage „aktiv“, weil es für mich durchaus auch ein „inaktiv“ gibt. „Aktiv“ bedeutet, dass ich jetzt Lust verspüre, Menschen zu daten und mich auf zwischenmenschliche Bindungen und Beziehungen jeglicher Art einzulassen. Ich spüre, dass ich andere begehre, und möchte dem nachgehen. Im Gegensatz dazu befinde ich mich in einer Art Standby-Modus, wenn ich von „inaktiv“ rede. Beide verbindet ein für mich wichtiger Grundsatz offener Beziehungen, nämlich die Tatsache, dass Begehren nicht exklusiv ist. Es kann sich jederzeit wandeln und verändern. Ich bin der Meinung, dass offene Beziehungen, so unterschiedlich und vielfältig sie auch sein mögen, Begehren zunächst als etwas nicht Exklusives anerkennen und begrüßen.

Offen denken ist nicht gleich offen handeln

Solange ich aktiv offene Beziehungen führe, empfinde ich mich als Teil einer polyamoren und Offenen-Beziehungs-Community, dort fühle ich mich gesehen und wahrgenommen. Sobald ich in einer Art Monopoly-Blase verschwinde und mein Begehren sich für eine kurze oder lange Zeit ausschließlich auf meine Beziehungspersonen richtet, fühle ich mich nicht mehr wahrgenommen. Dann stehe ich wie so oft vor der Frage, wie offen meine offene Beziehung sein muss, damit sie als solche gilt. Ab wann kann man sich als polyamor bezeichnen?

Für mich geht es nicht um die Anzahl der Liebhaber*innen, Dates oder Beziehungen, die ich führe. Für mich geht es um die Möglichkeit, dass ich andere Menschen begehren könnte, und die Tatsache, dass es nicht als falsch, Betrug oder egoistisch angesehen wird, dass ich dieses Begehren verspüre. Ich habe häufig in meinem Leben das Gefühl gehabt, dass ich mich irgendwie dafür rechtfertigen müsste, dass ich nicht so viele Dates habe wie andere Menschen in offenen Beziehungen, und mindestens genau so häufig habe ich mich gefragt, ob ich mein Begehren unterdrücke, weil ich Angst habe, dass sich meine Beziehungen verkomplizieren könnten.

Letztlich bin ich irgendwann zu dem Entschluss gelangt, dass ich so viel begehre, wie ich eben begehre. Menschen haben unterschiedliche Bedürfnisse, und das ist eben meins. Ich finde es vollkommen in Ordnung, sich als offene Beziehung zu definieren, selbst wenn man selten das Bedürfnis danach verspürt, sie tatsächlich auszuleben. Solange die Möglichkeit besteht, ist es kein Tabu und solange es kein Tabu ist, ist es ein Teil der Beziehung, der mal mehr und mal weniger eine Rolle spielt. Ich denke, dass es am Ende eine Frage der Offenheit und Ehrlichkeit ist, ob man tatsächlich auf die offene Beziehung zu sprechen kommt, wenn sich das eigene Begehren verändert, oder ob man eigentlich nur den Titel „offene Beziehung“ hübsch findet.

Was ist eigentlich der Unterschied zwischen „Freund*innenschaften“ und „romantischen Beziehungen“?

Ich mag es nicht, dass der Unterschied zwischen den beiden Begriffen „Beziehung“ und „Freund*innenschaft“ so häufig auf Sex oder physische Nähe reduziert wird. Wieso kann eine „Beziehung“ nicht einfach eine zwischenmenschliche Beziehung sein, ohne dass Sex oder generell sexuelle Situationen etwas damit zu tun haben müssen? Es setzt mich ganz schön unter Druck, dass Sex ein Teil meiner sogenannten „romantischen Beziehung“ sein muss, denn sonst wäre sie ja eine Freund*innenschaft, oder?

Für mich ist das nicht so. Physische Nähe kann ich mit unterschiedlichen Menschen teilen oder nicht teilen, das macht eine Beziehung nicht inniger oder weniger innig. Ich finde es hilfreich, den Begriff „Beziehung“ infrage zu stellen, insbesondere, wenn damit eigentlich nur eine Form der Beziehung gemeint ist, und zwar die sogenannte romantische Liebesbeziehung. Gleichzeitig möchte ich ihn nicht komplett aufgeben, denn meistens ist es schon schwer genug, ernst genommen zu werden, wenn ich erkläre, dass ich zwei Beziehungen gleichzeitig führe. Ich empfinde es als hinderlich, wenn ich zudem noch einen anderen Begriff erklären müsste und mich komplett von dem Wort „Beziehung“ lösen würde. Denn egal, für welchen Begriff sich Menschen entscheiden: Es steht immer ein bestimmtes

Verständnis dahinter. Im Moment habe ich für mich festgelegt, dass „Beziehung“ nicht optimal ist, aber trotzdem gut genug funktioniert, als dass ich diesen Begriff ablegen möchte.

Was sind dann also meines Erachtens die wichtigsten Bestandteile enger Beziehungen? Oder anders gefragt: Was macht eine Beziehung für mich zu einer Beziehung? Ich würde sagen, dass es die Zeit ist, die ich mit jemandem teile und die ich mir für eine Person oder Personen in meinem Leben nehmen möchte, es ist die Verbindlichkeit bzw. die Form von commitment innerhalb der Beziehung, es ist auch die Ebene der Körperlichkeit und es sind die Pläne, die ich kurz- oder langfristig mit den Personen mache. In Bezug auf den Faktor Zeit sind meine Freund*innenschaften nicht weniger wichtig als die „romantischen“ Beziehungen, die ich führe. Auch die Art und Weise, wie ich commitment verstehe und wie verlässlich und langfristig unterschiedliche Beziehungen in meinem Leben sind, sind keine Unterscheidungsmerkmale für mich zwischen „romantisch“ und „nicht romantisch“. Physische Nähe, damit hadere ich immer. Ich möchte wirklich nicht, dass eine Beziehungsform durch die geteilte physische Intimität definiert wird, und doch stelle ich fest, dass die meisten meiner „romantischen“ Beziehungen in irgendeiner Form damit zu tun haben oder hatten. Zumindest zu einem bestimmten Zeitpunkt, wenn auch nicht immer und nicht ständig. Doch – wie gesagt – ist auch das kein verlässliches Kriterium.

Dann bleibt noch das gemeinsame, langfristige Planen. Ich wohne mit einer meiner engsten Freund*innen zusammen, ich mache Pläne mit ihr, fahre gemeinsam mit ihr in den Urlaub, möchte, dass sie langfristig ein großer Bestandteil meines Lebens ist. Und doch weiß ich, dass ich zum Beispiel nicht in Erwägung ziehen würde, in eine andere Stadt zu ziehen, wenn sie es tun würde. Hier liegt also am ehesten der Unterschied für mich zwischen „romantischen“ und „nicht romantischen“ Beziehungen bzw. „Beziehungen“ und „Freund*innenschaften“.

Polyamore Kleinfamilie oder doch einfach nur Familie?

Ich denke, dass mich diese Frage deswegen so sehr beschäftigt oder beschäftigt hat, weil ich gerade mitten in der Baby-Planung stecke und mich zwangsläufig frage, was sie eigentlich für all meine zwischenmenschlichen Beziehungen bedeutet und wie ich die einzelnen Menschen beteiligt sehen möchte (wenn sie es denn wollen). Inwiefern unterscheiden sich zwischenmenschliche Beziehungen voneinander, auch was den Grad an Wünschen und Erwartungen angeht? Ich glaube, dass ich Angst bekommen habe, dass ich doch in einer Polykleinfamilie lande, obwohl ich so viel schönere Vorstellungen für unser(e) Kind(er) und uns habe. Damit einher ging natürlich auch die Frage danach, wie sehr mich, oder uns, ein Kind von dem Rest der wichtigen Menschen in unserem Leben abschottet und unser Kleinfamilien-Dasein bestimmen könnte. Ich möchte nicht zu einer Person werden, die nur noch über Kinder redet und deren gesamtes Leben sich ausschließlich darum dreht. Ich stelle es mir schön vor, ein Kind zu bekommen und diese Herausforderung in meinem Leben zu begrüßen, aber ich stelle es mir nicht schön vor, alles, was mir sonst wichtig ist, über den Haufen zu werfen.

Je länger ich darüber nachdenke und spreche (während ich diesen Text schrieb, habe ich sehr viele Diskussionen und Gespräche mit Menschen in meinem Leben geführt), komme ich zu der Erkenntnis, dass es sehr viele Gründe für mich gibt, die Kleinfamilie zu fürchten. Zu den wichtigsten zählen:

1) Kleinfamilien haben für mich etwas sehr Ausschließendes. Menschen, die Kinder in Kleinfamilien bekommen, verschwinden für mich in einer Blase von anderen Kleinfamilien und Menschen mit Kindern und wurden nie mehr gesehen. Ich möchte nicht in einer Kleinfamilie landen, weil ich noch mehr Menschen als mein Polykül und unser(e) Kind(er) zu meiner selbstgewählten Familie zähle. Ich verstehe und erkenne an, dass Kinder Veränderungen mit sich bringen und ich nicht an allem so festhalten kann, wie es gerade ist, aber ich kann zumindest versuchen, mein Netzwerk an Menschen, die für mich Familie bedeuten, aufrechtzuerhalten und sie, so gut es geht, nicht auszuschließen.

2) Dazu zählt auch, dass ich meine Wünsche und Erwartungen kommuniziere und Menschen um Hilfe oder Teilnahme bitte.

3) Kleinfamilien bedeuten für mich auch unhinterfragte Versprechen. Ich möchte niemandem versprechen, dass ich für immer in dieser Konstellation bleiben möchte oder für immer bestimmte Gefühle für jemanden haben werde. Ich denke, dass die Last größer ist, wenn all die Verantwortung auf zwei Schultern lastet.

Klar, Polyamorie bricht mit sehr vielen Konventionen, aber wenn es um Familien geht, vielleicht doch nicht so sehr, wie sie gerne würde. Denn letztlich ist es doch egal, ob zwei, drei, vier, etc. Menschen Kinder miteinander bekommen, oder? Sobald sie in ihrer Exklusivität verschwinden, kommen sie einer Kleinfamilie schon sehr nahe.

Und dann ist da noch die Frage, ob es erst Kinder braucht, um sich überhaupt als Kleinfamilie oder Familie bezeichnen zu können. Ich war immer der Meinung, dass erstens alle Menschen selbst bestimmen dürfen sollten, was sie als Familie bezeichnen und was nicht, und dass es zweitens keine Kinder braucht, um eine Familie zu sein. Jetzt kriege ich bald selbst Kinder und merke gerade deutlich, dass allein die Idee, Kinder in unserem Leben zu haben, eine ganz neue Bindung und Verbindlichkeit schafft, die es davor noch nicht gab. Wir sagen einander Verbindlichkeit und Verlässlichkeit zu, nicht mehr und nicht weniger, aber ich glaube, dass genau das für mich gerade ein Gefühl von Dauerhaftigkeit und Familie schafft.

Je mehr ich wichtige Menschen in meinem Leben in dieses Vorhaben einbeziehe und sie als Pat*innen, Bezugspersonen für das Kind, Rollenvorbilder, etc. aufnehme, umso mehr binde ich sie in mein Netzwerk Familie ein. Ich möchte ein Bild von Familie leben, welches auf Konsens und Verlässlichkeit aufgebaut ist und in dem es möglich ist zu gehen, wenn man das möchte. Und zu bleiben, wenn es das ist, was man möchte. In einem großen Familien-Netzwerk. Fragt mich noch einmal in einem Jahr! ;) Mal sehen, ob ich ein besseres Wort für dieses Netzwerk gefunden haben werde.

Zwei Gedanken gegen Primär- und Sekundärbeziehungen

1) Primär- und Sekundärbeziehungen und das Problem der Fadenscheinigkeit

Mein grundsätzliches Problem mit den Bezeichnungen „primär“ und „sekundär“ ist, dass ich nicht so richtig die Notwendigkeit dahinter sehe. Viele Menschen benutzen die Begriffe, um Relationen aufzuzeigen. Zum Beispiel, weil sie mit einer Person die Verantwortung für Kinder teilen oder mit ihr zusammenwohnen und mit einer anderen Person ohne große Verbindlichkeit in einem unregelmäßigen Abstand Zeit miteinander verbringen. Ich muss jedoch Franklin Veaux in seinem Beitrag auf „More than two“[5] zustimmen, wenn er diese Begründung als unsinnig bezeichnet. Jede Beziehung ist so individuell und auf ihre eigenen Bedürfnisse hin ausgerichtet, dass es mir nicht einleuchtet, sie aus diesem Grund als primär oder sekundär einzuordnen. Vielmehr habe ich in letzter Zeit den Eindruck gewonnen, dass eben dieser Grund vorgeschoben wird, um die eigentlichen Macht- und Hierarchieverhältnisse, die hinter dieser Einordnung stehen, nicht klar benennen zu müssen. Ich möchte an dieser Stelle klar und deutlich sagen, dass ich niemandem vorwerfen möchte, unaufrichtig oder unehrlich gewisse Konzepte zu benutzen. Es geht mir lediglich um meinen persönlichen Eindruck, dass häufig die Dominanzverhältnisse nicht klar und deutlich benannt werden. Solange es sich um konsensuelle Beziehungskonzepte handelt, ist es mir vollkommen gleich, ob Menschen monogam oder nicht-monogam leben, genauso wie es mir egal ist, ob sie ihre polyamoren Konstrukte als „primär“, „sekundär“, „tertiär“, etc. bezeichnen. Darum geht es mir nicht. In meiner Wahrnehmung wird nur sehr häufig missachtet, dass Begrifflichkeiten wie „primär“ und „sekundär“ nicht ohne ihren hierarchischen Ursprung gebraucht werden können. Ich glaube, dass die damit einhergehende Hierarchie nicht weggedacht oder -geredet werden kann, selbst wenn man die besten Intentionen mit den Begriffen verfolgt. Manche Begriffe sind so stark konnotiert, dass es mir unrealistisch scheint, sie komplett anders deuten zu können. Sie sind also eingebettet in ein ziemlich festes Macht- und Hierarchieverhältnis. Und auch hier noch mal: Ich habe kein Problem damit, wenn Menschen sich konsensuell darauf einigen und sich dessen bewusst sind, was für Konnotationen und Erwartungen bei bestimmten Begrifflichkeiten mitschwingen. Allerdings bringt mich das zu meinem nächsten Punkt.

2) Hierarchien und das Bedürfnis nach Einfachheit

Ich verstehe das Bedürfnis nach Einfachheit, und wieso manche Menschen sich dafür entscheiden, Regeln oder Ultimaten in ihren Beziehungen aufzustellen. Ich weiß aus eigener Erfahrung, dass Polyamorie und offene Beziehungen total anstrengend und aufwühlend sein können und häufig mehr Fragen stellen als Antworten geben. Ich verstehe, woher das Bedürfnis kommen kann, ziel- oder ergebnisorientiert zu denken und die Beziehung(en) so einfach wie möglich zu gestalten. So einfach ist es nur leider nicht immer. Sorry fürs Spoilern! ;) Gefühle halten sich leider nicht unbedingt an Regeln. Es ist schwer oder unrealistisch zu sagen, dass sich auf jeden Fall keine ernsthaften Bindungsgefühle oder Wünsche entwickeln werden, wenn man Menschen „nur“ zweimal im Monat sieht. Ich kann mich in Menschen verlieben, die ich zweimal die Woche sehe, genauso wie ich mich in Menschen verlieben kann, die ich vielleicht nur zweimal im Monat (oder im Jahr) sehe. Beides scheint mir nicht abwegig zu sein. Deswegen ist es so schwierig, dafür Regeln oder Absprachen zu finden. Ich habe den Eindruck gewonnen, dass Menschen mich in letzter Zeit häufiger fragen, wie ich zu Hierarchien oder Vetorecht stehe und jedes Mal sage ich, dass ich mit den Konsequenzen nicht leben wollen würde. Darauf läuft es für mich nämlich hinaus. Was, wenn ich eine Person kennenlerne und sie nicht in mein Konzept von Sekundärbeziehung passt? Überdenke ich dann meine Konzepte? Oder verabschiede ich mich von der Person und suche weiter, bis jemand in meine Vorstellung von „sekundär" passt? Und was mache ich, wenn die Person andere Bedürfnisse entwickelt? Darf sie das überhaupt ansprechen? Das sind alles Fragen, die sich mir in diversen Situationen gestellt haben, als meine Beziehungsperson(en) und ich versucht haben, Dinge zu vereinfachen. Letzten Endes kam jedoch alles ganz anders und was blieb, war die Enttäuschung. Jedes Mal, wenn ich den Eindruck habe, dass Beziehungskonzepte gewissermaßen schon vorgefertigt sind und nach Menschen suchen, um sie ihnen überzustülpen, bin ich wieder dort, wo ich angefangen habe. Nämlich bei der Monogamie, die ich nicht hinterfragt und für die einzig wahre Beziehungsform gehalten habe. Und da werde ich skeptisch … Für mich ist es mehr so ein „I figure it out along the way"-Ding. Ich kann vielleicht sagen, wie meine zeitlichen Kapazitäten im Moment beschaffen sind, oder wie viel ich bereit bin zu verändern, um andere Menschen zu daten oder kennenzulernen oder in mein Leben zu lassen, aber ich kann nicht sagen, dass dieser oder jener bestimmte Platz frei ist. In einem Podcast von "Polyamory Weekly"[6] habe ich letztens den Satz gehört "I would like to get to know every new person as if I was single". Das fand ich irgendwie schön. Ein hoher Anspruch in meinen Augen, aber irgendwie auch schön.

Das ist meine Freiheit und ich darf das ... oder?

Das Thema „Freiheit und Polyamorie“ hat mich in den letzten Monaten immer wieder beschäftigt. Besonders seitdem ich viel unterwegs war, Vorträge gehalten und Workshops gegeben habe. Immer wieder sind Menschen auf mich zugekommen, die das Gefühl hatten, an der Polyamorie zu scheitern, weil sie nicht gut genug oder schnell genug ihre Gefühle verarbeitet haben oder schlichtweg nicht wussten, wie sie mit einer Situation umgehen sollten. Häufig stand die Angst im Vordergrund, Beziehungspersonen zu verlieren oder sie mit den eigenen Gefühlen zu überfordern. Und immer wieder drehten sich solche Gespräche um ein Konzept von Freiheit, welches ich nicht gut nachempfinden kann. Mir fällt es schwer zu verstehen, wieso es als Argument in polyamoren Beziehungen benutzt wird. Sehr häufig äußerte sich dieses Konzept in Sätzen wie „Du schränkst meine Freiheit ein“. Damit ist gemeint, dass jemand sich frei fühlen möchte, zu jedem Zeitpunkt Beziehungen und/oder sexuellen Kontakt jeglicher Form mit anderen zu haben.

Ich möchte versuchen zu erklären, wieso ich damit meine Schwierigkeiten habe.

Zum einen waren es sehr häufig Cis-Frauen, die zu mir kamen und mir ihr Dilemma geschildert haben. Ihre Beziehungspersonen, sehr häufig Cis-Männer, waren diejenigen, die den Satz, in unterschiedlichsten Variationen, aussprachen. Wieso Gender an dieser Stelle eine Rolle spielt? Weil als Frau sozialisiert zu werden bedeutet, zur Beziehungs- und Emotionsarbeit erzogen zu werden. Ich ärgere mich in solchen Momenten, weil der Satz keine andere Möglichkeit lässt, als dass die Cis-Frauen genau diese Rolle und Aufgabe übernehmen. Häufig sind Sätze, die darauf anspielen, dass jemand ein grundsätzliches Recht oder einen Anspruch auf etwas hat, auf eine gewisse Art und Weise lähmend. Schließlich lassen sie keinen Raum für Diskussionen oder Auseinandersetzungen. Stattdessen schaffen sie sehr viel Raum für Schuldgefühle, denn meistens bleiben die Beteiligten mit ihren Gefühlen alleine oder trauen sich nicht mehr, mit ihren Beziehungspersonen darüber zu reden. Ein Freiheitsargument kann immer nur für eine Person funktionieren, denn würden es zwei oder mehr Personen gleichzeitig einbringen, wäre es überflüssig. Das macht es für eine Person zu einer Sackgasse.

Zum anderen gibt Freiheit als Argument nicht die Möglichkeit, Gefühle tatsächlich zuzulassen. Stattdessen wird ein jegliches Gefühl als schlecht und nicht wünschenswert abgestempelt. Ich finde das ganz schön unfair, weil es ja schließlich – zumindest häufig – nicht darum gehen sollte, eine Handlung zu verbieten bzw. durchzuboxen, sondern eine Auseinandersetzung über unterschiedliche Bedürfnisse zu führen. Diese Auseinandersetzung kann tricky sein, das gebe ich zu. Manchmal muss sich eine Person mehr zurücknehmen als (die) andere, manchmal fühlt sich jemand benachteiligt und manchmal haben eine oder mehrere Personen Angst, dass auf Gefühle einzugehen bedeuten könnte, für unbestimmte Zeit Monogamie zu praktizieren, weil kein Raum ist, um polyamor/offen zu leben. Letzten Endes ist es jedoch eine Frage der Aushandlung und des Aufeinandereingehens.

Offene/polyamore Beziehungen zu führen, bedeutet für mich nicht, zu jedem Zeitpunkt machen zu können, wonach mir der Sinn steht. À la: „Falls meine Beziehungsperson(en) damit Schwierigkeiten haben sollte(n), ist es deren Problem, ich ziehe nicht in Erwägung, mit was auch immer aufzuhören." Diese Art Beziehungen zu führen ist nicht meins. Und ich tue mich auch schwer damit, Menschen irgendeine Form von Rat oder Tipp zu geben, wenn sie mich fragen, was sie machen können, wenn ihre Beziehungsperson sich ihren Gefühlen verwehrt. Ich finde es ungerecht und auf eine negative Art und Weise egoistisch, dass nur noch die Bedürfnisse einer Person im Vordergrund stehen. Eine Beziehung jeglicher Art ist für mich ein gemeinsames Projekt, etwas, was zwei oder mehr Menschen miteinander gestalten und was sich aus diesen Menschen heraus und mit ihnen zusammen entwickelt. Deswegen fällt es mir so schwer, nachzuvollziehen, dass Menschen dieses Totschlagargument verwenden. Das hat für mich nämlich nicht mehr viel mit gemeinsamer Gestaltung zu tun.

Ich sehe durchaus die Schwierigkeit(en), wenn es darum geht, unterschiedliche Bedürfnisse auszuhandeln bzw. in Einklang zu bringen. Als meine Beziehungsperson und ich unsere Beziehung von monogam zu offen für physische Erfahrungen mit anderen geöffnet haben, habe ich mich ganz lange verwehrt. Ich hatte Angst, zwischen uns würde sich alles verändern, ich hatte Angst vor Zurückweisung und ich wollte mich dieser neuen Erfahrung (noch) nicht stellen. Deswegen habe ich es immer weiter aufgeschoben, habe ihr das Gefühl gegeben, dass ich noch mehr Zeit brauche, dabei war Zeit nicht das Problem. Deshalb weiß ich ganz genau, dass es manchmal schwierig sein kann, über Bedürfnisse zu reden und Absprachen oder Kompromisse zu finden, weil es manchmal nicht klar scheint, aus welchem Gefühl oder welcher Motivation heraus sich jemand für mehr Zeit ausspricht. Manchmal bedeutet es eben auch, dass eine oder mehrere Personen eine Zeit lang unzufrieden sein werden, aber so sind Kompromisse nun einmal, sie machen nicht immer Spaß. Es ist wichtig, nicht zu vergessen, dass Kompromisse für alle Beteiligten, mal mehr mal weniger, ein Zugeständnis sind und häufig nichts, was sie von sich aus, wenn es einzig und allein nach ihren Bedürfnissen ginge, wählen würden. Alle gehen einen Schritt aufeinander zu. Wenn ich beispielsweise die Absprache eingehe, dass ich meine Beziehungsperson nach einem Date mit einer anderen Person anrufe, mache ich das, weil ich weiß, dass es ihr wichtig ist, meine Stimme zu hören und dadurch Sicherheit und Zuneigung zu erfahren. Für mich ist es kein großer Aufwand, einen Anruf zu tätigen, aber meiner Beziehungsperson bedeutet diese vermeintliche Kleinigkeit möglicherweise sehr viel. Der Anruf ist vielleicht sogar schon der Kompromiss zwischen „Wir sehen uns direkt nach dem Date“ und „Wir hören uns gar nicht“.

Damit will ich sagen, dass ich gerne Kompromisse eingehe und versuche, die Gefühle meiner Beziehungsperson(en) so ernst wie möglich zu nehmen. Das bedeutet für mich nicht, dass ich sofort jedes meiner Bedürfnisse hinten anstelle und nur noch auf die Bedürfnisse meiner Beziehungspersonen eingehe. Es kann aber bedeuten, dass ich nicht sofort von 0 auf 100 gehen möchte. Beispielsweise, wenn ich gerne bei meinem Date schlafen wollen würde, meine Beziehungsperson(en) sich damit jedoch erst einmal nicht wohlfühlt tasten wir uns da langsam heran. Schritt für Schritt würden wir dem Übernachten näher kommen. Mein ursprüngliches Bedürfnis wird also nicht verworfen, seine Befriedigung wird einfach unserem gemeinsamen Tempo angepasst.

Meiner Meinung nach ist es klar, dass ein Mensch theoretisch alles machen kann, wozu er in der Lage ist. Das ist keine Frage der Freiheit. Es geht gar nicht um den Satz „Das ist aber meine Freiheit und ich darf das", sondern um den Zusatz, der nicht ausgesprochen wird, nämlich „und du kannst nichts dagegen machen". Und Dieses Argument kann ich so schwer verstehen, weil es einfach nicht mit meinem Verständnis von Polyamorie (und überhaupt von Beziehungen) zusammenpasst. Häufig bekommen es – wie am Anfang beschrieben – Cis-Frauen ab, die die Emotionsarbeit leisten sollen. Ich will damit nicht sagen, dass nicht Menschen jeglichen Genders dieses Argument vorbringen können. Mir ist nur in letzter Zeit vermehrt aufgefallen, dass viele Cis-Frauen mit dieser Problematik auf mich zukamen. Ich will in einer Beziehung nicht das Recht auf etwas haben, ungeachtet der Konsequenzen. Es geht mir ja nicht darum, (aus Prinzip) zu gewinnen oder Recht zu behalten. Ich will gemeinsam Lösungen und Ideen finden, so verstehe ich zumindest Beziehungen. Und ein Totschlagargument ist für mich alles andere als konstruktiv oder hilfreich dabei.

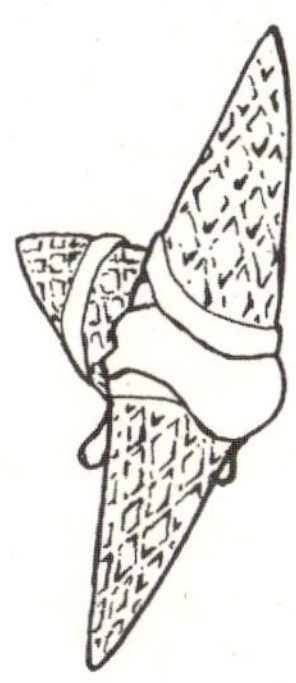

Grenzen.
Embrace the power of No.

Vor etwas mehr als einem Jahr hatte ich eine für mich bahnbrechende Erkenntnis. Eigentlich waren es mehrere bahnbrechende Erkenntnisse. Die meisten hatten unmittelbar mit einem Podcast über „Boundaries: a conversation with Hilary Nunes“ auf dem Sender „Carnalcopia“[7] zu tun. Dieses einstündige Gespräch über Grenzen hat mein Leben im wahrsten Sinne des Wortes ein Stück weit verändert, so pathetisch das jetzt klingen mag. Ich will euch erklären, wieso es eigentlich ganz einfach war.

Es gab Zeitpunkte in meinen Beziehungen – und es gibt sie immer und immer wieder – an denen ich mich selbst noch nicht gut genug kannte, um abschätzen zu können, wo eigentlich meine Bedürfnisse und die damit verbundenen Grenzen lagen. Und selbst als ich es wusste, habe ich mich nicht immer getraut, sie zu äußern. Klar, zum Teil lag das daran, dass ich nicht genau wusste, was ich eigentlich will, aber zum größten Teil ging es bei mir um zwei grundlegende Ängste:

1) Mein Bedürfnis könnte sich so sehr von dem meiner Partner*innen unterscheiden, dass ich meine Beziehung riskiere.

2) Die andere Person respektiert meine Grenzen nicht/belächelt mich/versucht mich vom Gegenteil zu überzeugen etc. und dann fühle ich mich zurückgewiesen, abgelehnt oder nicht ernst genommen.

Was tun also? Ich habe es mir in den meisten Fällen sehr einfach gemacht. Das Unbehagen, das ich dabei hatte, meine Bedürfnisse für mich zu behalten, schien einfacher auszuhalten zu sein, als meine Bedürfnisse zu kommunizieren – und noch dazu war es risikoärmer.

Ich habe mir zum Beispiel lange Zeit nicht eingestehen wollen (da hat es also an Ehrlichkeit mit mir selbst und mit anderen gefehlt), dass ich auch andere Menschen auf dieser Welt außerhalb meiner Beziehung(en) attraktiv und sexuell anziehend finde, und habe den Rest der Welt unter einem magischen Unsichtbarkeitsmantel verschwinden lassen. Es war also ein doppelter Schlag ins Gesicht, als meine Beziehungsperson damals eine geöffnete Beziehung probieren wollte. Ich war hauptsächlich enttäuscht von mir selbst, aber die Enttäuschung hat sich damals in Form von Wut, Traurigkeit und Verlustängsten gegenüber der anderen Person geäußert – schließlich war es einfacher, negative Gefühle auf andere zu projizieren, als die Ursache des Ganzen zum Teil bei mir selbst zu suchen.

Die unmittelbare Konsequenz aus meinem scheinbar einfachen Weg: Ich habe angefangen zu zweifeln. Und zwar nicht nur an mir und an der Intention, mit welcher ich Dinge eigentlich mache, sondern auch an anderen Menschen. Von mir habe ich auf andere geschlossen und mich gefragt, ob Menschen gerade wirklich das wollen, was sie sagen. Wie kann ich ein „Ja“ auch wertschätzen, wenn ich immer wieder denke, dass es ebenso gut ein „Nein“ sein könnte? Eigentlich hatte ich Angst vor den Konsequenzen eines „Neins“. Was habe ich also gemacht?

Ich musste meine Denkweise komplett überdenken. Anstatt mich darauf zu fixieren, dass „Ja“ etwas Positives und „Nein“ etwas Negatives ist, habe ich, vor allem seitdem ich das erste Mal den Beitrag über boundaries gehört habe, Folgendes gelernt: Wenn ich weiß, dass Menschen bewusst und selbstsicher zu Dingen „Nein“ sagen können, kann ich ihr „Ja“ viel mehr wertschätzen. Ganz nach dem Motto: „Embrace the power of No.“ Anstatt mich von einem „Nein“ abschrecken zu lassen oder das Gefühl zu haben, Ablehnung und Zurückweisung zu erfahren, versuche ich, es aus einer anderen Perspektive zu sehen – auch wenn es mir immer wieder schwerfällt, mich von dem Gefühl von Zurückweisung zu distanzieren, weil es starke Emotionen in mir hervorruft. Je besser ich weiß, was Menschen wollen oder nicht, umso schöner und sicherer fühlt es sich an, umso sicherer fühle ich mich in der Beziehung. Grenzen fühlen sich gut an, weil ich weiß, was sich gut anfühlt für andere und ich entscheiden kann, wie ich darauf Rücksicht nehmen will oder nicht. Grenzen helfen mir, mich zu verstehen, und ich bin der Meinung, dass sie auch anderen helfen, mich besser zu verstehen. Klar, ich kann sie komplett über Bord werfen und genau das Gegenteil von allem machen. Genauso gut kann ich versuchen, rücksichtsvoll und umsichtig mit den Grenzen anderer Menschen umzugehen und sie nicht mit Füßen zu treten. Schließlich bin ich in Beziehungen mit Personen, die mir wichtig sind. Wieso sollte ich sie bewusst mit meinen Handlungen verletzen?

So lernte ich mich auch selbst besser kennen: Eine meiner Beziehungspersonen hat sehr schön gesagt, dass es logischerweise schwierig ist, anderen näherzukommen, weil man sich öffnet und dadurch komplett auf sich selbst zurückgeworfen wird. Je näher ich jemandem komme, umso näher komme ich mir selbst und natürlich kann das beängstigend und schwer sein und Dinge hervorholen, die tief in mir lauern.

So musste ich also über mich lernen, dass ich starke Verlustängste habe, die Form von Beziehung, die ich führe, zu verlieren. Wegen dieser Verlustängste habe ich Bedürfnisse nach hinten gestellt oder sie gar nicht erst zugelassen. Das ist absurd, weil ich damit meinen Beziehungspersonen unterstelle, dass sie mit meinen Bedürfnissen nicht klarkommen würden und die Angst berechtigt ist. Und weil ich mich selbst und meine Bedürfnisse als nicht wertvoll genug erachte, um sie als Priorität zu setzen und sie anzusprechen. Nachdem ich also vor einigen Tagen zum gefühlt zehnten Mal den Beitrag über boundaries angehört habe, ist mir wieder einmal bewusst geworden, dass alle meine Emotionen und Bedürfnisse eine Daseinsberechtigung haben. Ob sie erfüllt werden können oder ob es gut oder schlecht ist, ihnen nachzugehen, ist erst einmal unwichtig. Aber ich glaube, dass es wichtig ist, Dinge auszusprechen, um darüber reden zu können.

Grenzen und Bedürfnisse können sich aber auch verändern. Was ich vor fünf Jahren wollte, ist nicht mehr das, was ich jetzt will. Zum Teil wollte ich meine gefühlten Grenzen sogar bewusst verändern. Ich wollte irgendwann keine monogame Beziehung mehr führen, und was für mich damals „Betrug“ und Grenze zu sein schien, wurde plötzlich ehrlich gelebte Realität. Sex, Liebe, Körperlichkeiten, Zuneigung, etc. mit Menschen außerhalb meiner monogamen Beziehung waren auf einmal kein Tabu mehr und auch keine Grenze. Diese „Grenze“ wollte ich bewusst verschieben und verändern, weil es sich wichtig und richtig angefühlt hat. Es hat sich jedoch (zur Überraschung manch einer Person) im ersten Moment nicht gut oder einfach angefühlt, und ich habe lange gebraucht, um mich in dem neuen Konstrukt sicher zu fühlen. Aber nur, weil es sich im ersten Moment scheiße anfühlt und vielleicht weh tut, heißt es nicht, dass es in Zukunft auch noch so sein wird.

Letzten Endes war es für mich wichtig, mich auf einen Prozess einzulassen, der nicht von heute auf morgen funktioniert und Zeit und Geduld in Anspruch genommen hat. Eine gute Metapher dafür sind die Lauferlebnisse einer meiner Beziehungspersonen. Sie geht gerne regelmäßig 8-10 km joggen, das bedeutet aber noch lange nicht, dass sie einfach so von heute auf morgen einen Halbmarathon (21 km) laufen könnte. Ihre physische Grenze liegt also bei 10 km. Da sie aber gerne einen Halbmarathon laufen wollte, hat sie sich darauf vorbereitet und ihre Grenze hat sich verschoben. Ihr Bedürfnis hat sich verändert, sie hat sich auf den Prozess der Veränderung eingelassen und damit hat sich auch eine neue Grenze entwickelt. Nächstes Jahr oder in zwei Jahren kann es wieder eine komplett andere Grenze sein.

Vielleicht ist diese Metapher auch nicht ganz zutreffend, denn es ist mir wichtig, an dieser Stelle noch einmal zu betonen, dass Grenzen für viele auch etwas sind, was sich nicht verändert und an die Bedürfnisse oder Umstände anpasst. Wenn eine meiner Grenzen ist, nicht mit einer Person zusammenzusein, die lügt, werde ich diese Grenze auch nicht für eine besonders tolle und atemberaubende Person überschreiten. Ich denke vielmehr an die gefühlte Grenze des Vorstellbaren, wenn ich hier über Grenzen schreibe. Wir haben alle anerlernte und ansozialisierte Vorstellungen von Beziehungen, Feund*innenschaften etc., sodass es schwierig sein kann, für sich herauszufinden, was man selbst eigentlich möchte und in welcher Konstellation man sich selbst am wohlsten fühlt. Was sich hier also am Anfang wie meine Grenze angefühlt hat, sozusagen die Grenze der Monogamie, war in Wahrheit meine eigene Grenze des Denkbaren, also etwas, was ich mir nicht vorstellen konnte und im ersten Moment auch nicht vorstellen wollte. Insofern denke ich, dass diese Art der Grenze verändert und neu gelernt werden kann.

Ich glaube, dass nicht alles durch Kommunikation gelöst werden kann. Manche Dinge lassen sich so häufig besprechen, bis es nicht mehr weitergeht und Kommunikation nur ermüdend ist und man sich im Kreis dreht. Mir ist es aber wichtig, eine Atmosphäre in meinen Beziehungen zu schaffen, in der es erst einmal gut ist, Dinge anzusprechen. Was damit dann passiert, und welche Emotionen das hervorholt, ist eine andere Sache, aber ich möchte mich darum bemühen und meine Partner*innen dazu ermuntern, ehrlich zu mir und ehrlich zu sich selbst zu sein. Das bedeutet, dass ich versuche, wertschätzend mit Gefühlen und Gedanken anderer umzugehen, und ihnen von meiner Seite (so gut ich kann) ein sicheres und aufgehobenes Gefühl zu vermitteln.

Grenzen, Bedürfnisse, Absprachen und Regeln unterscheiden lernen (und wieso das wichtig ist)

Es ist für manche Menschen schwierig, zwischen diesen Begriffen zu unterscheiden. Zum Teil kann es sogar ziemlich chaotisch werden, und manchmal werden die oben stehenden Begriffe durcheinandergebracht und an die jeweilige Situation angepasst. Das Unterfangen die Begriffe voneinander zu unterscheiden wird nicht unbedingt einfacher, wenn wir anfangen darüber zu sprechen. Dabei denke ich, dass sowohl in monogamen als auch in nicht-monogamen Beziehungen über diese Begriffe gesprochen wird – sie sind kein Thema, das nur in polyamoren Beziehungen eine Rolle spielt.

Der größte Unterschied ist für mich dabei die Intention. Entweder sind Menschen in einer Beziehung offen für körperliche/intime Situationen oder enge Verbindungen und Liebesbeziehungen mit anderen Menschen, oder sie sind es nicht. Ist Letzteres der Fall, ist es nicht von Bedeutung, Vereinbarungen, Regeln, etc. nach außen zu kommunizieren, denn letztlich reicht es aus, zu sagen „Ich bin nicht interessiert, danke“ oder „Ich bin in einer monogamen Beziehung, sorry“. Im Vergleich dazu ist es in einer Poly-/offenen Beziehung viel wichtiger, was wie vereinbart und nach außen kommuniziert wird. Es ist daher wichtig zu wissen, was was ist und wovon genau gesprochen wird, denn sowohl die bereits bestehende Beziehung kann darunter leiden, wenn die Kommunikation schiefläuft, als auch die Person, die neu kennengelernt wird. Hier sind also einige Ideen, wie die oben genannten Begriffe definiert bzw. voneinander abgegrenzt werden können:

1) Grenzen: Sind in der Regel etwas, was man mit sich selbst ausmacht. Man ist meist selbst dafür verantwortlich, dass sie eingehalten werden. Leider werden die Grenzen von anderen Menschen häufig erst deutlich sichtbar, wenn sie einmal überschritten wurden. Eine Grenze kann sich dabei beispielsweise auf Drogenabhängigkeit oder physische und psychische Gewalt in der Beziehung beziehen.

Aber: Sich selbst eigene Grenzen zu setzen bedeutet nicht, dass diese automatisch eingehalten werden oder dass man selbst immer in der Lage ist, dafür zu sorgen, dass sie eingehalten werden. Das gilt besonders für toxische Beziehungen. „Multiamory“[8], ein Podcast, der sich mit Poly-Themen beschäftigt, beschreibt Grenzen (boundaries) als eine Art Seifenblase um einen herum. Man entfernt sich in der Regel von Situationen und Menschen, um diese Blase nicht zum Platzen zu bringen bzw. sich selbst darin zu schützen. Für mich ist eine meiner Grenzen, dass ich nicht so tun werde, als ob ich eine heterosexuelle, beste Freund*in von einer meiner Beziehungspersonen bin, wenn wir auf Familienfeste etc. gehen. Ich komme schlichtweg nicht mit, wenn das explizit von mir verlangt werden sollte. Grenzen sind nicht Präferenzen, denn eine Präferenz würde für mein Beispiel bedeuten, dass ich es bevorzuge, wenn ich nicht so tun muss, als wäre ich die beste Hetero-Freund*in, es aber trotzdem meiner Beziehungsperson zuliebe tue. Das wäre also keine Grenze, sondern eine Vorliebe. Ich denke, dass das eins der größten Missverständnisse ist. In manchen Fällen wird der Begriff „Grenze“ (statt „Vorliebe“ oder „Präferenz“) manipulativ verwendet, um andere Menschen emotional zu etwas zu drängen.

Für meine Grenzen bin in erster Linie ich selbst verantwortlich, denn ich habe mich mit mir selbst darauf geeinigt, dass etwas meine Grenze ist, es gab keine Verhandlungen darüber, dass es eine Grenze sein darf. Hätte es Gespräche darüber gegeben, was zwischen zwei oder mehr Menschen gilt, wäre das meines Erachtens eine Regel bzw. eine Absprache.

2) Absprachen: Werden im Optimalfall im wahrsten Sinne des Wortes abgesprochen. Das bedeutet, dass es ein kurzes oder langes Gespräch darüber gab, was die jeweils eigenen, vielleicht unterschiedlichen Bedürfnisse sind und wie diese zu einer Absprache werden können. Auf dem Weg dahin ist manchmal ein (oder sind mehrere) Kompromiss(e) notwendig. Absprachen sind für mich etwas ganz Wundervolles, weil sie sowohl das Tempo als auch die Verletzbarkeit[9] von Personen aufgreifen. Manchmal gibt es eine oder mehrere Personen, die gerne und schnell loslegen wollen, und manchmal gibt es eben auch eine oder mehrere Personen, die viele Ängste und Unsicherheiten mitbringen. Absprachen können helfen, beides unter einen Hut zu bringen, weil sie allen etwas bieten, worauf sie sich verlassen können. Zum Beispiel, dass man nach einem Date telefoniert oder sich zu Hause trifft. Absprachen können das Vertrauen stärken. Gleichzeitig können sie es auch auf die Probe stellen – wenn man sich nicht auf Absprachen verlassen kann, kann das sehr schmerzvoll und frustrierend werden. Aus diesem Grund ist es immer ratsamer, Absprachen nicht zu umgehen oder zu brechen, sondern darüber zu sprechen, wenn etwas nicht passt. Langfristig schafft das Vertrauen und Sicherheit, sodass vielleicht keine oder weniger Absprachen notwendig sein werden. Manchmal haben Menschen unterschiedliche Bedürfnisse, was Dates etc. angeht. Das bedeutet nicht unbedingt, dass eine Vereinbarung „unfair" ist. Fair kann das sein, was Menschen als fair empfinden. Klingt banal, sollte man aber nicht vergessen. Manchmal empfinden Menschen es als gerecht, wenn alle das gleiche „dürfen", sodass beide gewissermaßen die gleichen „Rechte" haben. Auch so muss eine Absprache nicht aussehen, sie kann so aussehen. Nur, weil eine Person etwas möchte, muss die andere Person nicht automatisch das Gleiche wollen. Absprachen können für Menschen in der gleichen Beziehung unterschiedlich aussehen. Grundsätzlich gilt: Trial and Error. Absprachen müssen immer wieder revidiert und besprochen werden. Sie lassen jedoch meiner Meinung nach mehr Flexibilität und Offenheit als Regeln.

3) Regeln: Ich spreche nicht gern von Regeln, weil das Wort für mich eine negative Konnotation hat. Wenn es in Beziehungen zum Beispiel so etwas wie ein „Vetorecht" gibt, kann ich damit nicht so viel anfangen. Ich könnte nicht damit umgehen, jemandem etwas zu verbieten, weil das

mein Bedürfnis ist. Manche Menschen mögen das gerne, das ist jedem selbst überlassen. Für einige Menschen sind Regeln sogar noch stärker und verlässlicher als Absprachen, weil „Regel" nach einer starken und unumstößlichen Tatsache klingt. Gleichzeitig bedeutet das manchmal, dass die Frustration im Falle einer gebrochenen Regel noch größer ist als im Falle einer gebrochenen Absprache, weil beide an einer Absprache beteiligt waren und nicht eine Person vorgegeben hat, was passieren darf und was nicht. Ihr merkt schon, ich habe da so meine Präferenzen.

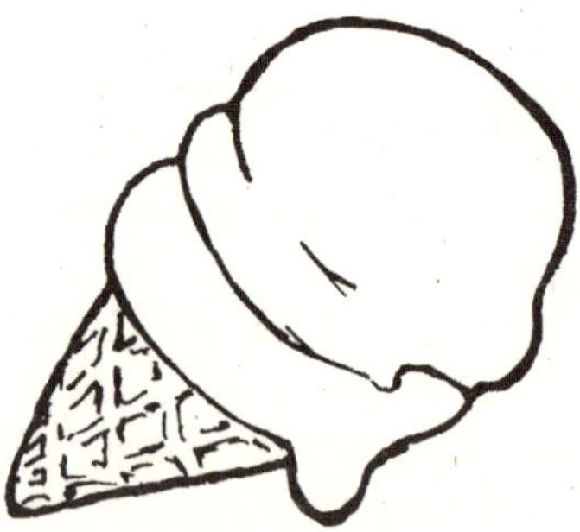

Was heisst Sex? ... Ehrlichkeit? ... Betrug? ... Fummeln? ... Flirten? ... allein sein? Über die Notwendigkeit von Definitionen

Je mehr ich drüber nachdenke, umso häufiger fällt mir auf, dass sich die meisten Konflikte in meinen Beziehungen um Definitionen drehen. Vor einiger Zeit musste ich zum Beispiel feststellen, dass eine meiner Beziehungspersonen „alleine sein“ nicht notwendigerweise als ein Bedürfnis, sich in ihr Zimmer oder sonstige Räumlichkeiten oder Situationen komplett zurückzuziehen, versteht. Vielmehr bedeutet es für sie, unabhängig von anderen Menschen Entscheidungen treffen zu können, ohne sie mit anderen in irgendeiner Form kommunizieren oder absprechen zu müssen oder zu wollen. Der Konflikt entsteht dann, wenn der Satz „Ich würde ganz gerne alleine sein“ ein komplett anderes Bild bei mir hervorruft, als das, was meine Partnerin eigentlich meint. Ich stelle mir vor, wie sie alleine in ihrem Zimmer sitzt oder ins Kino geht oder ein Buch liest, doch stattdessen sitzt sie mit ihrer WG in der Küche und trinkt Wein. Das irritiert mich und ruft bei mir ein Gefühl von Unehrlichkeit hervor, obwohl es einzig und allein um unterschiedliche Definitionen von Wörtern geht. Klar, seitdem ich das verstanden habe, ist es kein Thema mehr, aber erst einmal zu realisieren, dass es unterschiedliche Definitionen von „allein sein“ gibt, hat einen Moment gedauert.

Viele Begriffe, die wir jeden Tag benutzen, scheinen für alle so eindeutig und so klar zu sein, und gleichzeitig frage ich mich häufig, ob wir wirklich von denselben Dingen sprechen. Sex zum Beispiel. Wann fängt Sex überhaupt an? Und was ist der Unterschied zu Fummeln? Wieso gibt's überhaupt solche Wörter wie „Vorspiel“? Was ist denn dann das „Nachspiel“? Ist es erst das „richtige“ Spiel, wenn es um Penetration geht? Oder Orgasmen? Nachdem sie ihre Definition von Sex hinterfragt und sie nicht nur und ausschließlich an den Akt der Penetration gekoppelt haben, hatten einige Menschen in meinem Leben so manch ernüchternden Moment, als sie feststellten, wann sie eigentlich zum ersten Mal in ihrem Leben Sex hatten. Ein befreundetes Pärchen musste die Erfahrung machen, dass für die eine Person von Sex die Rede ist, wenn nackte Körper im Spiel sind, für die andere Person hingegen kann Sex sehr wohl auch im Kontext von bekleideten Körpern und deren Miteinander stattfinden. Es führte zu Beginn ihrer geöffneten Beziehung zu einem enormen Konflikt, als sie feststellen mussten, dass eine von beiden mit anderen Menschen Sex hatte, auch wenn sie es selbst nicht so definiert hätte.

Für mich war eine der größten Herausforderungen im Kontext von Definitionen, erst einmal zu verstehen, dass Menschen Dinge komplett unterschiedlich verstehen und definieren können. Daraus ergibt sich ein vollkommen anderer Aushandlungsprozess. Dann sind große Begriffe wie Ehrlichkeit, Sex, Betrug, etc. nicht mehr nur leere Worthülsen, denn es geht um deren unterschiedliche Auslegung und die Grenzen, die damit einhergehen. Was bedeutet es zum Beispiel, ehrlich zu sein? Heißt es, bedingungslos und uneingeschränkt alles zu teilen? Oder einfach nur, ehrlich zu antworten, wenn man gefragt wird? Ist es okay, Dinge zu verschweigen, weil sie nicht relevant zu sein scheinen? Und was ist der Unterschied zwischen der Ehrlichkeit zu sich selbst und Ehrlichkeit zu anderen?

Wenn ich weiß, was die andere(n) Person(en) von mir erwarten, wie sie Dinge verstehen und definieren, kann ich Rücksicht darauf nehmen, selbst wenn ich einen Begriff anders definieren würde. Je mehr ich weiß, umso einfacher fällt es mir logischerweise, mich rücksichtsvoll und respektvoll zu verhalten.

Ich kann nicht die Gedanken meiner Beziehungspersonen lesen, ich kann und will ihnen auch nicht ihre Erwartungen und Wünsche von den Lippen ablesen, das ist utopisch und führt nur zu Enttäuschungen. Definitionen schaffen Klarheit. Ich weiß, was andere Menschen brauchen, wo sie verletzbar und unsicher sind, was ihnen guttut und wie ich auf sie Rücksicht nehmen kann. Definitionen bedeuten auch: viel, viel, viel kommunizieren, sich austauschen, sich selbst kennenlernen und hinterfragen. Klar, es ist einfach, wenn ich mich hinter den Begriffen „Betrug" oder „Verrat" verstecken kann, aber es ist ehrlicher, wenn ich auch sage, was genau das für mich bedeutet, wie es sich anfühlt und wie es das nächste Mal anders laufen kann.

Viele Begriffe sind in meiner Wahrnehmung sehr allgemein (wie „Freiheit") oder negativ vorbelastet (wie „Betrug"), was es schwierig macht, spezifisch oder neutral über Dinge zu reden. Ich finde es einfacher zu versuchen, mein Gefühl oder die Situation so spezifisch wie möglich zu beschreiben. Hinter Überbegriffen kann ich mich verstecken oder sie benutzen, um eine Emotion oder Stimmung zu kreieren. Klar, es fühlt sich für mich einfacher an, wenn ich so tue, als ob mein Gegenüber und ich dieselbe Sache meinen, wenn wir über „Ehrlichkeit" oder „Betrug" reden, aber eigentlich ist mir sehr wohl klar, dass das leider nicht so ist. Spätestens, wenn ich feststelle, dass ich nach meiner Definition belogen wurde. Spätestens dann kann ich mich auch nicht mehr in der Sicherheit scheinbar gleicher Definitionen wiegen und muss mich damit auseinandersetzen, was es eigentlich für **mich** bedeutet, belogen zu werden.

Definitionen sind alles andere als einfach. Ich kann bis heute nicht genau definieren, was für mich Sex bedeutet (und wann/wo er anfängt) oder Flirten, aber immerhin kann ich inzwischen sagen, was zum Beispiel Ehrlichkeit für mich ausmacht, wie ich „alleine sein" definiere und was ich unter Freiheit in Beziehungen verstehe. Ich weiß, dass ich manchmal an Definitionen und Begriffen hängenbleibe und viel und lange darüber reden kann. Ich weiß auch, dass ich damit schon so manch einer Person gewaltig auf die Nerven gegangen bin. Ich weiß aber auch, dass es sich für mich immer sehr bereichernd und gut angefühlt hat, wenn ich wusste, was ich **eigentlich** sagen will und was ich **eigentlich** brauche. Definitionen bleiben für mich also der Dreh- und Angelpunkt einer guten Kommunikation.

Das kleine 1x1 der Kommunikation
... und wieso ist das eigentlich so verdammt schwer?

Ich finde es grundsätzlich unglaublich schwer, meine eigenen Bedürfnisse ehrlich zu kommunizieren. Viele Leute um mich herum scheinen es als keine allzu schwere Aufgabe zu betrachten, ehrlich und klar zu kommunizieren, was sie wollen und was nicht, was sie sich erhoffen und was nicht, und welche Erwartungen damit verbunden sein könnten. Mir fällt das viel schwerer.

Über die letzten Jahre habe ich für mich selbst herausgefunden, dass sich meine Kommunikation innerhalb zwischenmenschlicher Beziehungen und vor allem in Polybeziehungen häufig zwischen zwei Punkten bewegt: **Definitionen von Begriffen und Grenzen.** Wieso beides so wichtig für mich geworden ist, werde ich in den nachfolgenden Beiträgen weiter ausführen.

Inzwischen weiß ich, dass es mir leichter fällt, Gespräche offen und ehrlich zu führen, wenn sie auf eine bestimmte Art und Weise strukturiert sind. Ich finde es beispielsweise gut, mich vor einem Klärungsgespräch oder ähnlichem zu fragen: Was ist der Sinn und Zweck des ganzen Gespräches? Will ich einfach nur eine Information weitergeben, will ich diskutieren, will ich später bereden, was ich auf dem Herzen habe? Will ich, dass sich die andere Person Gedanken darüber macht und jetzt erst einmal nichts dazu sagt? Im Gespräch selbst hat es mir geholfen, so klar wie möglich meine eigenen Wünsche zu kommunizieren: Wie können wir es nächstes Mal besser machen? Klare Wünsche zu kommunizieren kann schwerer sein, als man meint. Mir fällt es dabei besonders schwer, präzise zu äußern, was ich eigentlich sagen will. Viele meiner Gedanken sind von unterschiedlichen Emotionen und Gefühlen geprägt, deshalb kann ich meistens nicht eine Sache oder eine konkrete Situation klar benennen. Und zu guter Letzt: Wie können wir versuchen, den Wünschen unterschiedlicher Personen die gleiche Aufmerksamkeit zu schenken? Wo ist die Mitte? Wie weit können wir aufeinander zugehen, damit es sich für alle gut anfühlt?

Wenn ich mir das durch den Kopf gehen lasse und in diesem Text verewige, hört sich alles so schön einfach an. Die Wahrheit ist leider, dass ich mich noch viel zu häufig über mich selbst ärgere. Manchmal gerne noch klarer sagen wollen würde, was ich eigentlich brauche, meine und will. Die Realität ist leider manchmal nicht so sanft und fluffig wie ich sie mir wünschen würde. Sie schmeckt nun mal nicht immer wie ein saftiger Schokokuchen. Unter bestimmten Umständen habe ich Angst, dass ich Menschen verletzte, die mir wichtig sind. Sie zurückweise oder selbst Ablehnung erfahre. Vielleicht sogar wegen meiner Bedürfnisse für komisch oder seltsam gehalten werde. Doch die Wahrheit ist, dass es immer besser ist, ehrlich zu sein. Sowohl zu sich selbst, als auch zu Anderen. Jede Situation, die ich mit Unwahrheiten weniger schlimm, weniger konfrontativ, weniger „gefährlich" oder beängstigend machen wollte, ist im Endeffekt viel schlimmer geworden. Es hat immer dazu geführt, dass ich andere Menschen verletzt habe und die Sache selbst durch die Lüge an ungewollter Bedeutung gewonnen hat. Noch dazu kommen in Polybeziehungen so viele unterschiedliche Bedürfnisse und Gefühle und Gedanken zusammen, dass mit offener und ehrlicher Kommunikation alles steht oder fällt. So wie in jeder anderen Beziehung eigentlich auch.

Über die Zeit habe ich angefangen, mir kleine Regeln zu setzen. Klar, ich halte sie mal mehr, mal weniger ein. Mal ist mir auch komplett bewusst, dass ich gerade all meine Vorsätze über den Haufen werfe – mit Schwung. Manchmal merke ich das auch erst im Nachhinein. Und ganz selten, wenn ich mich selbst kurz zurücknehme und einen Moment lang nicht mit Anlauf auf jedes möglicherweise stürmische oder aufwühlende oder schwierige Gespräch zurenne, erinnere mich mich an folgende Leitsätze:

1) Ich-Botschaften machen einiges wirklich einfacher!

2) Keine ernsthaften Beziehungsgespräche anfangen, wenn man kurz davor ist, schlafen zu gehen und sowieso schon müde ist.

3) Beziehungsgespräche auf Alkohol und unter dem Einfluss anderer Drogen zu führen, ist auch nie eine gute Idee.

4) Fünf Minuten Pause helfen, wenn die Emotionen und Gedanken sich zu überschlagen scheinen und nur noch in Vorwürfen und Anschuldigungen gesprochen wird.

5) Keine Verallgemeinerungen. Es ist selten schon immer alles schlecht oder negativ gewesen.

6) Nur weil es sich zuerst scheiße anfühlt, heißt es nicht, dass es auch scheiße bleibt.

7) Kommunizieren, wenn ich nicht sofort bereit bin, über etwas zu reden/ zu antworten und mir Zeit nehmen, um in Ruhe über Dinge nachzudenken, anstatt vorschnell zu antworten.

8) Erwartungen kommunizieren. Ich kann nicht wissen, was andere wollen und andere nicht, was ich will.

9) Nur, weil ich auf eine bestimmte Art und Weise über etwas denke und fühle, bedeutet das nicht, dass mein Gegenüber die Situation auch so wahrnimmt.

10) Ultimaten lassen keinen Raum, um Dinge auszuhandeln, und haben in der Regel nur dazu geführt, dass sich meine Partner*innen ihrer Freiheit zu handeln beraubt gefühlt haben und viel, viel Drama entstanden ist. Entweder ich kann mich darauf einlassen, über Dinge zu reden, oder ich kann es nicht.

Absprachen treffen, aber wie?

Für mich persönlich waren Absprachen sehr hilfreich. Deswegen möchte ich einige Worte dazu schreiben, wie ich sie entwickle, bzw. welche Fragen und Denkrichtungen für mich hilfreich waren, um für mich und uns zu entscheiden, wie Absprachen aussehen können.

Absprachen entwickeln mit systemischen Beratungsmethoden

Ich habe in den letzten Jahren immer und immer wieder feststellen müssen, dass ich so vieles zu wissen glaube und letzten Endes so wenig weiß. Ich will damit sagen, dass ich ganz lange dachte, dass bestimmte Konzepte, Begriffe und Wörter für viele das gleiche bedeuten würden. Ein gutes Beispiel dafür können Begriffe wie „Liebe“, „Treue“, „Zuneigung“ und „alleine sein“ oder „seltsam“, „merkwürdig“, „komisch“, „schlimm“, „gut“, „schlecht“, etc. sein. In der systemischen Pädagogik und Paarberatung habe ich feststellen müssen, dass ich mit jeder neuen Person bzw. Personen von vorne beginnen muss. Ich begegne jeder Person so offen und unvoreingenommen wie möglich, was bedeutet, ich habe keine Ahnung davon, was sie unter „traurig“, „schlimm“, „komisch“, „merkwürdig“, etc. versteht. Aus diesem Grund nerve ich meine Klient*innen immer und immer wieder mit Fragen wie etwa „Was genau meinst du damit?“ und „Kannst du beschreiben, was für dich dahintersteht?“. Das kann unter Umständen nervig sein, vor allem, wenn es Menschen sowieso schon sehr viel Überwindung gekostet hat zu sagen, was sie denken. Aber was hat das jetzt mit Absprachen zu tun? Nun, ich würde sagen, dass genau das die Ausgangslage für gute Absprachen ist. Geht nicht davon aus, dass andere Menschen das gleiche Verständnis von Wörtern und Konzepten haben wie ihr, das kann sehr heimtückisch sein und verletzend ausgehen. Ich empfehle immer direkt nachzufragen, was genau die andere Person unter einem bestimmten Begriff etc. versteht und was genau es beispielsweise bedeuten würde, sich nach einem Date beieinander zu melden. Das bringt mich schon zu meinem nächsten Punkt.

Vorher

Ich empfinde es als hilfreich, bei Dates u.ä. zwischen Vorher und Nachher zu unterscheiden, wenn es um Absprachen geht, wobei es mir geholfen hat, über beides schon im Voraus zu sprechen. Natürlich können sich eure Bedürfnisse im Laufe der Zeit verändern. Das kann nach dem ersten Tag passieren, wenn ihr eine Person kennenlernt, das kann aber auch erst passieren, nachdem ihr jemanden sechs Monate getroffen habt.

Für mich hat es Sinn ergeben, vorher auszumachen, wie wir über unsere Erfahrungen im Nachhinein sprechen wollen. Wollen wir uns sehen, telefonieren, E-Mails austauschen oder SMS schreiben? Außerdem finde ich es wichtig zu wissen, ob es jederzeit passieren kann, dass mir meine Beziehungspersonen von neuen Menschen in ihrem Leben erzählen, oder ob wir dafür ein extra Treffen ausmachen. Es kann auch hilfreich sein, sich vorher darauf zu einigen, wie ihr füreinander erreichbar sein wollt, während ihr euch mit anderen Menschen trefft. Wollt ihr auf euer Handy schauen oder es komplett weglegen bzw. zu Hause lassen oder wollt ihr füreinander erreichbar sein? Es kann auch nützlich sein, sich über „Dealbreaker“ auszutauschen. Habt ihr welche? Und wenn ja, was wäre das? Und wie steht ihr zu sexuell übertragbaren Krankheiten (STDs)? Wollt ihr euch schützen oder bestimmte sexuelle Praktiken nicht mit anderen Menschen teilen? Bzw. erst teilen, wenn ihr einen STD-Test gemacht habt? Für Menschen, denen das Gefühl von Sicherheit in Beziehungen sehr wichtig ist, empfehle ich darüber zu sprechen, was für euch Sicherheit schafft und was für euch zu emotionaler Sicherheit beiträgt.

Als ich zum allerersten Mal versucht habe, Absprachen zu finden, die zu mir passen, wollte ich Gefühle außen vor lassen. Ich dachte, wenn ich Absprachen ausmache, die Gefühle nicht als Bestandteil meiner offenen Beziehung sehen, auch keine Gefühle vorkommen werden. Bzw. es keinen Raum geben wird, um ihnen auch nur beim Entstehen zuzusehen, wenn sie doch vorkommen. Das war in meinem Fall nicht ganz so einfach und ich schätze, dass viele Menschen „Gefühle entwickeln" und „Gefühlen nachgehen" gleich stellen. Ich kann Gefühle für jemanden entwickeln, doch das bedeutet nicht, dass ich ihnen automatisch nachgehen möchte. Ich kann verknallt oder verliebt sein und nicht unbedingt wollen, dass daraus mehr entsteht. Ich denke, dass das für mich eine sehr wichtige Unterscheidung war, denn ich kann nicht beeinflussen, wann und wie jemand Gefühle für mich oder ich für sie oder meine Beziehungspersonen für andere Menschen entwickeln. Anfangs hat es sich wie Betrug angefühlt, weil wir ja vereinbart hatten, Gefühle auszuklammern. Deswegen empfand ich es in meinem späteren Polydasein als hilfreich, nicht darüber zu sprechen, ob Gefühle „erlaubt" oder „verboten" sind, sondern vielmehr, wie wir damit umgehen wollen, wenn sie auftreten. Ist es für euch beispielsweise vorstellbar, andere Menschen nach dem ersten Date wiederzusehen? Wollt ihr unterschiedliche Bindungen zu Menschen zulassen oder wollt ihr sie unterbinden, sobald eine bestimmte Form der Intimität dazukommt? Ich habe auf der Seite von „freeloverdiaries"[10] eine für mich nützliche Unterscheidung gefunden. Dort ist die Rede von „connection", „connection-ship" und „relationship", etc. Ich kann also Namen für Beziehungen finden, die zu mir und der Situation passen und wiedergeben, wie ich zu jemandem stehen will. Lange Rede, kurzer Sinn: Wie wollt ihr damit umgehen, wenn Gefühle für jemanden entstehen?

Wenn ihr euch vorstellen könnt, Menschen wiederzusehen, kann es auch hilfreich sein, darüber zu sprechen, unter welchen Bedingungen und Umständen ihr euch das vorstellen könnt. Wir leben in einer Welt, in der es nicht mehr so einfach ist, keinen Kontakt zu Menschen zu haben, weil viele von uns ein Smartphone besitzen oder Zugang zu Internet haben. Wollt ihr voreinander Nachrichten schreiben? Bzw. was macht es mit eurer Dynamik, wenn ihr das tut?

Eine andere Unterscheidung auf „freeloverdiaries“, die es für mich ziemlich gut zusammengefasst hat, war die Unterscheidung zwischen „permission structure“ und „notification structure“. Wollt ihr euch um Erlaubnis fragen, bevor ihr zu jemandem nach Hause mitgeht, bei ihnen übernachtet, gemeinsam in den Urlaub fahrt, etc., oder wollt ihr euch ausschließlich darüber in Kenntnis setzen? Das ist für mich eine sehr wichtige Unterscheidung gewesen.

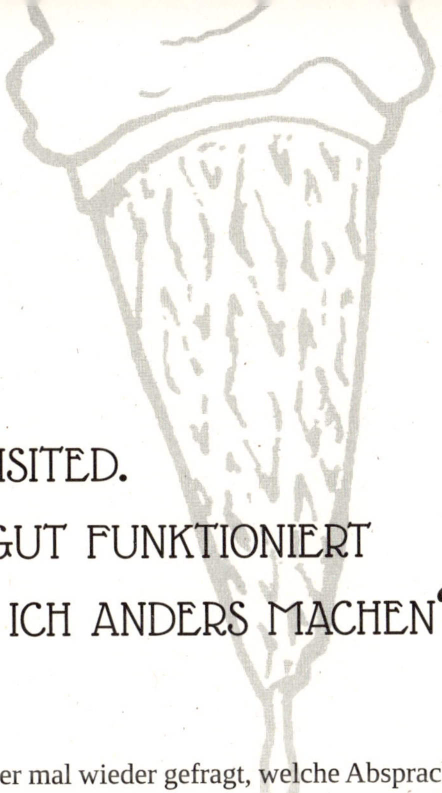

Absprachen revisited. Welche haben gut funktioniert und was würde ich anders machen?

Seit einiger Zeit werde ich immer mal wieder gefragt, welche Absprachen für mich gut funktioniert haben und welche nicht. Was würde ich anders machen? Was fand ich nicht so gut? Ich will ein bisschen aus dem Nähkästchen plaudern und ein paar Erfahrungen von mir und von anderen Menschen, die an mich herangetragen wurden, mit euch teilen. Im übrigen mag ich das Wort „Regel“ nicht. Ich finde, es klingt nicht selbstbestimmt, sondern aufgezwungen. Ich will keine Regeln haben in Beziehungen, ich entscheide mich schon selbst dafür, was ich gut finde und was nicht und was ich bereit bin einzugehen und was nicht. Es mag schon sein, dass ich auch hin und wieder Kompromisse eingehen möchte, aber das hat nicht zur Folge, dass ich mich in meiner Freiheit, eine Entscheidung zu treffen, eingeschränkt sehe. Ganz im Gegenteil. Das Wort „Absprache“ dagegen transportiert Konsens und Selbstbestimmung. Deswegen rede ich von Absprachen und nicht von Regeln.

Ich bekomme häufig die Fragen gestellt, ob ich mich verlieben dürfte oder ob es zu jedem Zeitpunkt erlaubt sei, dass ich etwas mit anderen anfange. Das irritiert mich meistens. Geht es nicht in erster Linie darum, was ich will, und nicht darum, was die Beziehung (also das Beziehungskonstrukt) mir erlaubt? Klar, ich mache nicht einfach, was ich will, ganz unabhängig von anderen involvierten Beziehungspersonen, aber es geht auch nicht darum, dass mir jemand etwas erlaubt. Von Verboten und Regeln in Beziehungen auszugehen, heißt, dass jemand diese Verbote und Regeln aufgestellt hat, und für mich hört sich das schnell so an, als ob das jemand aus einer Machtposition heraus tut. Das ist keine Beziehung auf Augenhöhe. Nun gut, das war jetzt ein kleiner Einschub, schien mir aber wichtig zu sein.

Meine ersten Absprachen waren ziemlich detailliert und ausgefeilt. Wir hatten einfach Angst, etwas falsch zu machen. Deswegen wollten wir uns so viel Sicherheit wie möglich geben, und dazu waren die Absprachen unser Mittel der Wahl. Da gab es die **„Deine Stadt, meine Stadt“**-Absprache. In der haben wir uns darauf geeinigt, dass wir nicht in der gleichen Stadt und auf keinen Fall im gleichen Freund*innenkreis daten wollen. Ich glaube, dass die Absprache deswegen so getroffen wurde, weil wir Angst hatten, den Dates der anderen Beziehungsperson zu begegnen. Wir wollten sie möglichst weit weg von uns halten. Das hat damals eine Zeit lang gut funktioniert, aber ganz ehrlich? Ich habe dafür gerade einfach keine Zeit mehr. Davon abgesehen, dass ich es schön finde, die Lover*innen und Metamours meiner Beziehungspersonen zu treffen, habe ich zum jetzigen Zeitpunkt weder das Geld noch die zeitlichen Kapazitäten, um Menschen in anderen Städten kennenzulernen. Ich glaube aber, dass die Absprache gut funktionieren kann. Wenn Menschen zum Beispiel sowieso viel verreisen oder viel unterwegs sind, wenn sie sich also gut in ihren Alltag einbauen lässt, kann sie funktionieren. Ich würde mir jedoch die Frage stellen, wieso ich das Bedürfnis habe, diesen Teil meines Lebens bzw. meiner Beziehungsperson(en) von mir fernhalten zu wollen. Und lässt er sich wirklich so gut von mir fernhalten? Wenn Menschen einander immer wichtiger werden, ist es nicht eine Frage der physischen Nähe, sondern der emotionalen Verbundenheit. Räumliche Distanz spielt unter Umständen keine Rolle, wenn mir ein Mensch so oder so wichtiger wird oder ich tagtäglich mit ihm über mein Smartphone kommunizieren kann.

Dann gab es da noch die **„Vor dem Date, nach dem Date“**-Absprache. Da haben wir uns ziemlich strikt darauf geeinigt, wie viel Zeit vor und nach dem Sex miteinander verbracht werden darf. Wir haben auch Dates zeitlich beschränkt. Fragt mich nicht, wie wir uns das damals vorgestellt haben. Ist natürlich total schiefgelaufen. Wie kann man so eine eng gefasste Absprache auch umsetzen? Ich glaube, dass sie von Anfang an darauf ausgelegt war, schiefzugehen, sodass die Enttäuschung vorprogrammiert war. Was dagegen eine Zeit lang geklappt hat, war die Absprache, dass wir Menschen erst einmal „nur" treffen, um erstens abschätzen zu können, woran wir überhaupt interessiert sind und um zweitens einander langsam auf mögliche zukünftige Begegnungen vorzubereiten. Wenn man es langsam angehen lassen kann, funktioniert diese Absprache unter Umständen ganz gut.

Absprachen können so gut sein, wie sie wollen, aber Bedürfnisse können sich ändern, und dafür sollten Absprachen offen sein. Ich mag es, mit meinen Beziehungspersonen Bedürfnisse abzuchecken. Manchmal hat es gut funktioniert, sich in regelmäßigen Abständen zu treffen und darüber zu reden, wie gerade so die Bedürfnisse in Bezug auf die nicht-monogame Beziehung sind. Das finde ich ganz gut, weil es dann nicht alle ein oder zwei Wochen Thema ist und die Frage wieder im Raum steht „Worauf hast du eigentlich gerade Lust?". Ich finde, es kann nämlich unter Umständen ganz schön anstrengend werden, wenn man sich die ganze Zeit nur noch über die offene Beziehung unterhält. Sich Räume zu schaffen, in denen man aktiv, bewusst und lustvoll darüber reden will, empfand ich als erleichternd.

Die Sache ist außerdem die: Viele Menschen setzen sich die Absprache, dass sie nur an rein körperlichen Dates und Begegnungen interessiert sind. Die Frage ist nur, wo das anfängt, und noch viel wichtiger, wo hört es auf, „nur" körperlich zu sein? Wenn man einen One-Night-Stand hat und sich nie wieder sieht, ist es vielleicht eindeutig, aber was ist mit den unzähligen anderen Situationen, in denen man Menschen mehr als einmal trifft, mit ihnen schreibt und sie einer*m ziemlich schnell sehr nahe sind? Meistens war es keine gute Idee, ein Ultimatum zu setzen. Also zu sagen, dass wir sofort keine offene Beziehung mehr haben, wenn sich jemand verliebt oder wir uns trennen, weil jemand Gefühle entwickelt. Man kann sich zwar dafür entscheiden, dem Gefühl nicht weiter nachzugehen, aber ich glaube nicht, dass man es steuern kann, in wen man sich verknallt/verliebt etc. Deswegen handhabe ich inzwischen jede Person und jede damit einhergehende Situation ganz individuell. Absprachen können sich ändern, meine Bedürfnisse auch. Das muss nicht bedeuten, dass meine Beziehungsperson alles mitmachen sollte oder muss, es bedeutet einfach nur, dass wir dann schauen, wie wir mit diesen Veränderungen umgehen und wie sich das in unsere jeweiligen Leben und unsere geteilte Beziehung integrieren lässt. Wenn Absprachen Absprachen sind und keine Regeln, sind sie fließender. Das bedeutet nicht, dass ich mich nicht daran halte oder sie nicht respektiere. Es bedeutet einfach nur, dass mir durchaus bewusst ist, dass nichts in Stein gemeißelt ist.

Außerdem sind meine Absprachen nicht gleich deine Absprachen. Anfangs wollte ich ein komplettes Gleichgewicht haben. Wenn du anfängst, Leute zu daten, dann will ich das auch dürfen. Da habe ich Absprachen eher als Regeln verstanden, deswegen hat auch das „dürfen“ so eine zentrale Rolle gespielt. Inzwischen frage ich mich immer mehr, ob das wirklich der Sinn der Sache ist. Wenn es mich neugierig macht, dass du daten und Menschen treffen willst, ist es ja schön, dass dieses Gefühl in mir hervorgerufen und auch mein Interesse geweckt wird. Prinzipiell finde ich es schön, wenn man sich gegenseitig zu Veränderungen anregt oder unterschiedliche Bedürfnisse durch eine andere Person hervorgerufen werden. Wenn ich dadurch jedoch verletzt werde und dann losgehe und date, um dich zu verletzten, ist das nicht der Sinn der Sache. Dann ist die offene Beziehung ein Mittel zum Zweck. Ich muss nicht das Gleiche wollen wie meine Beziehungspersonen, und das ist auch gut so. Ich will mich nicht davon unter Druck setzen lassen, was meine Beziehungspersonen machen, aber wenn es mir guttut zu daten, um Selbstbestätigung zu erhalten und eine schöne Zeit zu haben, will ich das auch machen können.

Durch Absprachen habe ich mich sicher gefühlt, jedoch habe ich sie auch manchmal benutzt, um meine Vorrechtsrolle zu etablieren. Zu bestimmten Zeitpunkten war ich so unsicher, dass mir keine Absprache die Sicherheit hätten geben können, die ich mir erhofft habe. Jede Absprache konnte nur nach hinten losgehen, denn sie war von Anfang an zum Scheitern verurteilt. Wenn man Absprachen benutzt, um seine Unzufriedenheit mit der Situation zu kommunizieren, sind sie nur ein Ventil und eine Gelegenheit, um wütend, enttäuscht oder verletzt zu sein. Mir war das nicht mal bewusst, deshalb kann ich auf mein damaliges Ich irgendwie nicht wütend oder zornig sein. Ich war einfach so wütend, dass ich ziemlich verzweifelt nach einem Grund für meine Wut gesucht habe. Und ich fand ihn immer. Meine Beziehungsperson konnte nichts richtig machen, alles hat sich irgendwie falsch angefühlt. Jede Minute, die sie mich nach einem Date zu spät angerufen hat, war ein Fehler, jedes Detail, was sie vermeintlich zu erzählen vergessen hat, war eine Lüge, und jede neu dazugewonnene Lust und jedes Begehren war eine Enttäuschung und ein Betrug in meinen Augen. Was ich also sagen will: Wenn die Absprachen nur ein Mittel zum Zweck sind, um seiner eigentlichen Frustration und Enttäuschung Raum zu verschaffen, können sie so gut, so detailliert, so ausgefeilt sein wie sie wollen, sie werden nicht funktionieren.

Ich habe die Erfahrung gemacht, dass Absprachen am Anfang, wenn man sich noch nicht so gut kennt und vielleicht sogar zum ersten Mal eine Beziehung öffnet, etwas enger geschnürt werden. Das hat zum einen den Grund, dass ich Menschen noch nicht gut einschätzen kann und mich gerne langsam an Veränderungen herantaste. Ich habe außerdem häufig Angst, enttäuscht oder verletzt zu werden, und brauche ein bisschen Zeit, um mich anzunähern und Menschen zu vertrauen. Um nicht jeder Absprache zu misstrauen und mich zu fragen, ob die Person das wirklich möchte. Ich kämpfe immer noch mit der Angst, dass mich jemand belügt, damit ich mich sicher fühle und wohlfühlen kann. Das ist natürlich aus zweierlei Gründen schwierig. Zum einen traue ich Menschen nicht zu, dass sie wissen, was sie wollen. Und zum anderen macht es mich permanent skeptisch und misstrauisch. Genau aus dem Grund funktioniert es für mich gut, mich langsam an Absprachen heranzutasten und Vertrauen zu gewinnen. Ich finde es gut, nicht gleich in die Vollen zu gehen. Egal, ob ich schon eine oder mehrere Polybeziehungen hatte – das bedeutet nicht, dass ich mit allem beim zweiten oder dritten Mal besser und schneller klarkomme. Ich mag es zum Beispiel, mich auf Dinge verlassen zu können, doch zugleich will ich niemanden einengen. Der Kompromiss kann dann vielleicht so aussehen, dass ich mich mit meiner Beziehungsperson nicht auf eine feste Zeit einige, zu der sie zu Hause ist, sondern den Vorschlag mache, dass sie nach einem Date/Treffen/etc. zu mir ins Bettchen krabbelt. So habe ich etwas, worauf ich mich verlassen kann, und erwarte nicht, dass die andere Person um Punkt 23 Uhr vor der Haustür steht.

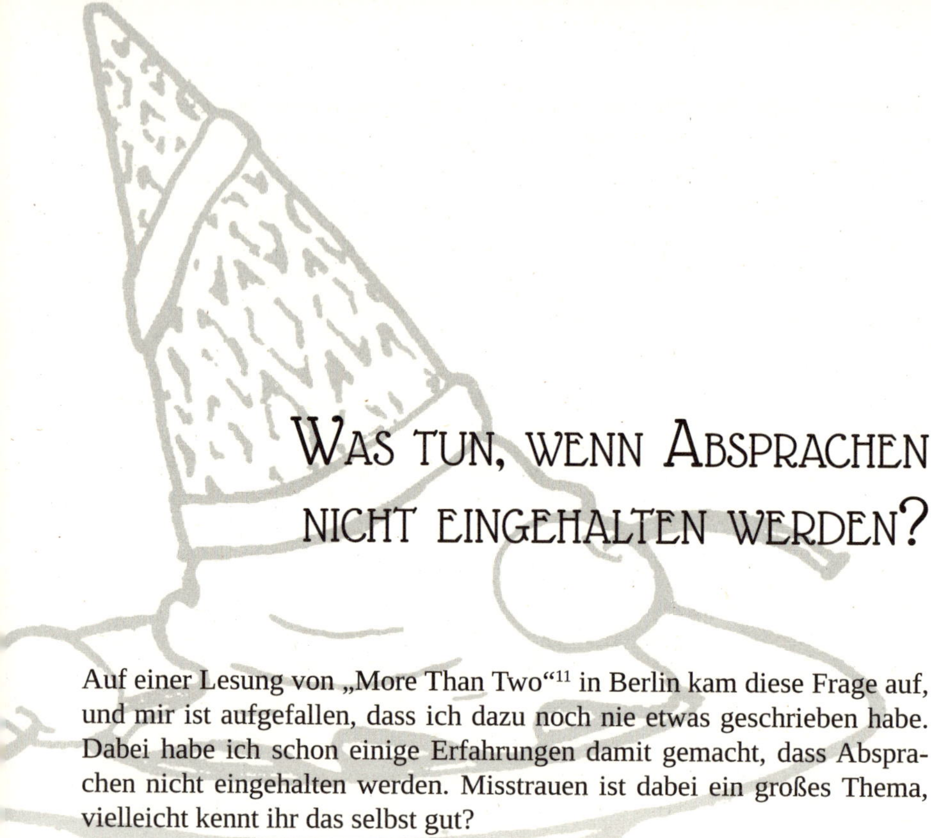

Was tun, wenn Absprachen nicht eingehalten werden?

Auf einer Lesung von „More Than Two“[11] in Berlin kam diese Frage auf, und mir ist aufgefallen, dass ich dazu noch nie etwas geschrieben habe. Dabei habe ich schon einige Erfahrungen damit gemacht, dass Absprachen nicht eingehalten werden. Misstrauen ist dabei ein großes Thema, vielleicht kennt ihr das selbst gut?

Implizite vs. explizite Absprachen

Absprachen sind nicht nur in nicht-monogamen Beziehungen Thema. Ich denke, dass die meisten Beziehung(sform)en damit in Berührung kommen. Meistens besteht der Unterschied in der Form der Absprache. Ethische und konsensuelle nicht-monogame Beziehungen setzen voraus, dass man auf den Tisch legt, was man sich von der anderen oder von den anderen Personen erwartet und welche Absprachen aktiv angesprochen und besprochen werden. Der Unterschied zwischen implizit und explizit ist hier entscheidend. Wenn Absprachen nicht eingehalten wurden, die immer nur zwischen den Zeilen mitgeschwungen sind, können es keine konsensuellen Absprachen gewesen sein. Wie auch, wenn niemals angesprochen wurde, ob alle Beteiligten zustimmen und sich daran halten wollen? Es ist schwierig, in solchen Fällen mit der aufkommenden Wut, Traurigkeit, Enttäuschung etc. umzugehen. Denn auf wen ist man dann wütend? Auf sich selbst? Auf die Situation? Wer ist hier verantwortlich? Die erste Frage kann also sein: War die Absprache, die nicht eingehalten wurde, explizit oder implizit?

Ein solcher Moment kann auch als Chance gesehen werden, transparent zu machen, was man sich von der Beziehung/den Beziehungen erwartet und wünscht und an welcher Stelle was schiefgelaufen ist.

Lüge vs. Wahrheit

Ich frage mich immer wieder aufs Neue, wie man eine Atmosphäre schaffen kann, in der sich Menschen ermuntert und unterstützt fühlen, ehrlich zu sein. Ich war lange der Meinung, dass Menschen sich und mich belügen, wenn sie sich nicht an Absprachen halten. Wie könnte es auch anders sein? Klar, sie haben sich einfach nicht getraut, sich selbst einzugestehen, dass sie was anderes wollen und in der Konsequenz erst sich selbst etwas vorgemacht und dann mich belogen. Aber so einfach war es dann doch nicht.

Ich denke, dass es einen großen Unterschied gibt zwischen einer Lüge (d.h., sich aktiv dafür zu entscheiden, die Wahrheit zu verdrehen oder zu kaschieren oder zu verheimlichen) und der Tatsache, dass man sich selbst noch gar nicht darüber bewusst ist, was man eigentlich möchte. Das auszusprechen kann sehr ehrlich sein. Ich wusste zum Beispiel voll lange nicht über mich selbst, dass ich eher eine spontane Kennenlernperson bin. Wenn ich auf einer Party oder bei anderen Gelegenheiten Menschen kennenlerne, die ich spannend finde, kriege ich vielleicht in diesem bestimmten Moment Lust, zu daten oder zu knutschen oder oder oder. Auf der anderen Seite gibt es Menschen, die daran gar nicht interessiert sind. Ich habe einige Freund*innen, die hauptsächlich an BDSM-Dates interessiert sind und dafür einen bestimmten Rahmen brauchen, das lässt sich nicht spontan einrichten. So etwas muss man erst einmal für sich selbst herausfinden. In der Theorie lässt sich das nicht unbedingt erahnen.

Ich kann damit besser umgehen, wenn meine Beziehungsmenschen von sich einfach noch nicht wussten, dass sie ein bestimmtes Bedürfnis hätten haben können. Ich kann es ihnen nicht wirklich übel nehmen, dass sie sich eben auch immer noch selbst kennenlernen und immer wieder neue Sachen über sich herausfinden werden. Klar, das ungute Gefühl bleibt in solchen Momenten. Ich fühle mich trotzdem verletzt und habe das Gefühl, ihnen nicht vertrauen zu können. Manchmal hält das auch so lange an, dass ich versuche, mich selbst vor Enttäuschungen zu schützen, indem ich mir im Kopf die Möglichkeit der Enttäuschung offenlasse. Misstrauen ist etwas, woran ich immer wieder arbeite, solche Situationen können nach wie vor sehr schwer sein für mich.

Absprache nicht einhalten *vs.* Manipulation

Deutlich schwieriger wird es dann, wenn jemand tatsächlich gelogen hat. Lügen sind tricky, denn auf eine Lüge folgt meist eine zweite usw. Meistens gehen sie damit einher, dass man einen oder mehrere Menschen manipulieren muss, um sie glauben zu lassen, dass das, was man als Wahrheit vermittelt, wirklich die Wahrheit ist. Wenn Absprachen nicht eingehalten wurden, beispielsweise das Date von gestern Nacht zwei Stunden länger gedauert hat als man eigentlich abgesprochen hatte und man heute darüber redet, ist die Kette der Geschehnisse ziemlich eindeutig und meistens ist da nicht der Raum für eine Lüge. Wenn so eine vermeintliche Kleinigkeit allerdings zwei Wochen verheimlicht und immer wieder anders umschrieben wird, ist das manipulativ und baut ein kleines Konstrukt an Lügen auf, das die Situation möglicherweise größer erscheinen lässt, als sie ist.

Was ich sagen will, ist, dass es unterschiedliche Formen von Absprachen gibt und damit einhergehend auch unterschiedliche Weisen, wie es sich anfühlen kann, wenn Absprachen nicht eingehalten werden. Dann bleiben da noch die Traurigkeit, Wut, Enttäuschung und Verletztheit. Denen sollte man auch unbedingt Raum geben, schließlich sind die Gefühle da und haben ihre Berechtigung. Die Person, die die Absprache gebrochen hat, muss in solchen Momenten Verantwortung übernehmen, sonst kann ich (und wir) nicht an der Situation arbeiten. Verantwortung zu übernehmen bedeutet für mich in erster Linie, sich aufrichtig zu entschuldigen und sich einzugestehen, dass man sich falsch verhalten und die andere(n) Person(en) verletzt hat. Eine aufrichtige Entschuldigung ist ein guter Anfang. Meistens finde ich es auch gut zu hören, wieso die Absprache nicht eingehalten werden konnte. Was für ein Bedürfnis stand dahinter? Was können wir in Zukunft anders machen, um das zu verhindern? Schließlich ist es nicht nur die Verantwortung der Person, die sich nicht an die Absprache gehalten hat, sondern auch eine wichtige Form der gemeinsamen Beziehungsarbeit. Für mich steht meistens hinter einer nicht eingehaltenen Absprache, dass sich jemand unfrei gefühlt und versucht hat „auszubrechen", und das Gefühl möchte ich niemandem in meinen Beziehungen vermitteln.

Wie kann ich wieder Vertrauen für zukünftige Absprachen aufbauen?

Absprachen können sich beschränkend auswirken und ich finde es wichtig, dass immer wieder Raum dafür gegeben wird, dass man sich auch anders entscheiden kann. Ich finde es gut, zwischen „Mein Gefühl ist, dass ich gerade eher in der Stimmung für dieses und jenes bin" und „Ich bin mir sicher, dass ich nur folgendes möchte" zu unterscheiden. Meistens weiß ich nicht konkret, was ich wollen könnte, ich lasse mich von Momenten überraschen. Das kann für Absprachen schwierig sein. Deswegen macht es für mich Sinn, dass ich mich nicht konkret auf etwas sehr Spezifisches festlege, sondern vielmehr versuche, den Rahmen so genau wie möglich abzustecken. Beispielsweise weiß ich, dass ich auf einer Party manchmal gar nicht mehr als knutschen wollen würde. Dann kann ich das auch klar benennen. (Auch hier wieder wichtig: Wo endet Knutschen eigentlich und wo fängt Sex an?) Ich bemühe mich außerdem immer wieder, eine Atmosphäre der Ehrlichkeit zu schaffen, um Menschen (konstant) das Gefühl zu vermitteln, dass es schön ist, ehrlich zu sein. Das ist für mich die Basis jeglicher Beziehungen. Sätze wie „Ich werde dich verlassen, wenn du das und das machst" setzen extrem unter Druck und schaffen eine Atmosphäre der Angst. Selbst wenn es für euch No-Gos gibt, ist jede Situation anders, und vielleicht wollt ihr in so einem Moment gar nicht mehr die Beziehung beenden. Das macht das No-Go nicht weniger wertvoll oder erkennt es euch ab. Doch man nimmt sich durch solche Statements von vornherein selbst die Möglichkeit, sich anders zu entscheiden. Dann war der Druck umsonst. Es muss nicht einmal dazu kommen, dass jemand eine Absprache bricht, vielleicht reicht es auch schon, dass ihr über solche No-Gos reden könnt, ohne dass sie jemals in die Realität umgesetzt werden. Was ist der Reiz daran? Könnt ihr euch das vielleicht unter bestimmten Umständen doch vorstellen? Wie würde sich das anfühlen?

Wo treffen, wo nicht treffen? Das ist hier die Frage.

Es gibt viele Posts, Blogeinträge und Artikel, die sich mit der Frage auseinandersetzen, wieso es so gut und hilfreich sein kann, sich auf ein Treffen mit den Partner*innen und Lover*innen der eigenen Beziehung einzulassen. Doch was passiert, wenn es soweit ist? Wenn man bereit ist, sich der vielleicht angsteinflößenden Situation zu stellen und der Person mit den vermeintlichen Superkräften zu begegnen?

Wo treffe ich mich am besten?

Um meine Erfahrungen und Hinweise dazu zu teilen, muss ich ein bisschen in der Zeit zurückgehen:

Da standen wir also. In einer Halle voll schwitziger, meist durchtrainierter Körper, und sahen uns zum ersten Mal in die Augen. Auf Bildern sah sie viel einschüchternder aus als in der Realität, war meiner erster Gedanke, und ich musste zurückdenken an den Moment, als meine Partnerin mir zum ersten Mal Fotos auf Tinder gezeigt hatte. Ich kann mich noch an die zunächst oberflächliche Begeisterung erinnern, die in ihren Augen lag und die mit der Zeit immer intensiver wurde. Alles lief irgendwie auf den Moment hinaus, in dem wir uns in einer Boulderhalle gegenüberstehen sollten.

Wieso wir ausgerechnet bouldern gegangen sind? Weil es ein fließendes Miteinander möglich macht. Ich konnte bouldern, sitzen, stehen, alleine sein oder mich austauschen und das alles innerhalb eines einzigen Treffens. Das lockerte die gesamte Situation auf und nagelte mich nicht auf eine Tätigkeit fest. Ich fühlte eine gewisse Freiheit in meinen Handlungen.

Trotzdem war ich damals unsicher. So unsicher, dass mir erst in der Halle deutlich wurde, dass ich mit meinem relativ kleinen, unsportlichen Körper nicht den von mir erhofften Eindruck hinterlassen kann. Ich hatte mir meine Metamour, also die Partnerin meiner Partnerin, magisch und glanzvoll vorgestellt. In meiner Vorstellung verkörperte sie all das, was ich nicht war, und spiegelte somit auch all das wider, was ich sein wollte. In der Realität, in der Gegenwart, in der Boulderhalle angekommen, beobachtete ich sie dabei, wie sie sich an gelben Griffen (Schwierigkeitsstufe: leicht) entlanghangelte. Im Gegensatz zu unserer gemeinsamen Partnerin, die wie eine Spinne Griff für Griff elegant bewältigte, scheiterten wir beide bereits an Schwierigkeitsstufe Blau, die direkt nach Gelb kam. Natürlich hätte ich es mir schon vorher denken können. Mir war bewusst, dass sie nicht magisch ist, auf keinem Einhorn angeritten kommt und so wie jeder andere Mensch auf dieser Welt nicht perfekt ist, aber meine Fantasie eröffnete mir Mittel und Wege und ließ meine Gedanken immer und immer wieder um die furchteinflößende Begegnung kreisen. Klar, ich musste mich auch mit dem Gefühl auseinandersetzen, zu sehen, dass meine Partnerin Gefühle für eine andere Person entwickelt. Ich hab ihr quasi dabei zugesehen, aber was unterschiedliche Beziehungsdynamiken bedeuten und wie ich damit umgegangen bin, greife ich in einem anderen Text auf.

Das Treffen machte einiges einfacher. Wir können seitdem Sachen zu dritt unternehmen, ich lerne meine Metamour immer besser kennen und sie ist eine zauberhafte Person, aber nicht so magisch, wie ich sie mir in meinen wüstesten Fantasien ausgemalt habe. Ich denke, dass der Ort unserer ersten Begegnung dabei entscheidend war. Ich hätte mich nur halb so wohl gefühlt, wenn ich nicht die Freiheit besessen hätte, jederzeit etwas anderes zu machen als ein vielleicht unangenehmes Gespräch zu führen. Es hat auf mich immer viel Druck ausgeübt, wenn ich mich in einen geschlossenen Raum, etwa eine Bar, begeben habe, um dort den Lover*innen oder Partner*innen meiner Partnerin zu begegnen. Zum einen bin ich kein großer Fan von Smalltalk und zum anderen befinde ich mich ungern in einer Situation, die ich nur mit Mühe und Not verlassen kann, wenn ich will. Deswegen war bouldern genau richtig, genau wie spazieren gehen, gemeinsam eine Küchenparty besuchen oder jegliche andere Aktivität, die Raum für abwechslungsreiche Tätigkeiten bietet.

Mein Rat lautet also: Denkt euch kreative, entspannte und lockere erste Begegnungsorte aus und erlebt einen schönen Moment der Entzauberung!

Warum kann Eifersucht hilfreich sein und wie gehe ich mit ihr um?

Dieser Text wird alles andere als theoretisch. Ich kann ihn nur schwer mit einer gewissen Distanz verfassen, weil das Thema immer und immer wieder eine große Herausforderung für mich darstellt. Ich verbinde mit Eifersucht viele unterschiedliche Emotionen. Die meisten davon sind negativ, das kann ich nicht leugnen, aber ich möchte euch gerne erklären, wieso sie auch durchaus und vielleicht sogar etwas Positives hat.

Wenn ich an Eifersucht denke, denke ich vor allem an schmerzvolle Situationen. Ich erinnere mich zum Beispiel an die Zeit, in der meine Partnerin und ich unsere geschlossene, romantische Zweierbeziehung (RZB) öffneten. Ich kann mich gut an den Schmerz erinnern, an die Trauer und das Gefühl, dass mein komplettes Weltbild auf einmal Kopf steht. Ich kann mich auch gut erinnern, dass ich die ganze Zeit dachte, dass ich das nicht empfinden darf. Wieso sollte ich auch, wenn ich die Person liebe und möchte, dass sie glücklich ist? Wieso kann ich das nicht? Wieso bin ich dazu nicht in der Lage? Das waren alles Fragen, die mir immer und immer wieder im Kopf herumgingen. Ich konnte den Schmerz und die Trauer nicht so richtig zulassen, aber trotzdem habe ich gelitten. Ich habe so sehr gelitten, dass ich zum Teil auf dem Boden lag, geweint habe und mich vor lauter Herzschmerz und Trauer nicht mehr bewegen konnte.

Ich weiß ganz genau, dass es nicht darum geht, dass meine Partner*innen einen Menschen finden, der besser zu ihnen passt, spannender ist, großartigeren Sex mit ihnen hat etc. Mir ist durchaus bewusst, dass meistens keine realen Gefahren drohen, und trotzdem fühle ich sie sehr bewusst. Genau das macht es für mich so schwer, diese Gefühle zuzulassen. Die ersten Bücher und „Ratgeber", die ich zu diesem Thema gelesen habe, haben mir alle vermittelt, dass es schlecht ist, dass ich eifersüchtig bin, und sie mir allesamt helfen wollen, dieses Gefühl zu überwinden. Selbst jetzt, fünf Jahre später, schreiben viele Bücher davon, Eifersucht zu „überwinden", „Eifersucht auflösen", „Eifersucht: Bewältigungsstrategien" etc. Eifersucht wird also häufig als etwas Schlechtes und Verachtenswertes gesehen. Vielleicht will ich Eifersucht aber gar nicht „überwinden", vielleicht will ich vielmehr lernen, mit ihr in einem friedlichen Miteinander zu leben und sie als Teil meiner großen, großen Gefühlswelt zu sehen. Wieso muss Eifersucht auch von Anfang an als etwas per se Negatives gesehen werden? Kann es nicht auch erst einmal ohne das Label „negativ" gehen? Ich denke schon!

Während meiner Auseinandersetzung mit mir selbst (und unzähligen aufschlussreichen Blogs, Online-Artikeln und Büchern) ist mir immer klarer geworden, dass Eifersucht nicht nur eine Störung meines Alltags ist, sondern auch als Aufstörung oder eine Art Antrieb funktioniert. Sie deutet darauf hin, dass mir eine Beziehung, welcher Art auch immer, wichtig ist. Letzten Endes ist sie also ein Mechanismus, um die Art von Beziehung zu beschützen, die ich habe, mit dem Ziel, sie aufrechtzuerhalten. Was für ein komplexes Gebilde steht also hinter der Eifersucht?

Ich stelle sie mir gerne wie die Spitze eines Eisbergs vor. Sie deutet zwar an, was unter ihr lauert, aber auf den ersten Blick sieht man nur einen kleinen Teil des Ganzen. So empfinde ich das Gefühl von Eifersucht. Darunter liegen all die unterschiedlichen, mehr oder weniger offensichtlichen Gefühle, die mich unmittelbar zu mir selbst führen. Durch all den Schmerz bin ich gezwungen, mich mit mir selbst auseinanderzusetzen und auf große Entdeckungsreise in die Tiefen meiner Gefühlswelt einzutauchen. Was ich dort finde? Viele, viele Ängste. Unter anderem auch Wut, hauptsächlich auf mich selbst, und immer wieder Trauer und Traurigkeit. Ich empfand dabei den Artikel „What are you experiencing when you are jeaulous?“ von Kathy Labriola[12] als sehr, sehr hilfreich (selbst wenn er zum Teil heteronormativ ist), weil er mir geholfen hat, Eifersucht innerhalb dieser drei sehr dominanten Emotionen zu verstehen: **Wut, Trauer und Angst.** Ich finde es total hilfreich, wenn ich meine Emotionen strukturieren kann und sie sich nicht wie ein großer, diffuser, unlösbarer Knoten anfühlen. So werden sie greifbarer und realer und ich kann daran arbeiten und mich verändern, wenn ich das möchte. Die drei Emotionen sind jedoch auch wieder „nur“ Oberkategorien, und es hilft mir häufig, so klar wie möglich zu definieren, was ich eigentlich fühle. Das kann von Ohnmacht über Depressionen und Hilflosigkeit bis hin zu Verlustängsten, der Angst vor Einsamkeit, Schwindelgefühlen, Motivationslosigkeit und Bauchkrämpfen etc. reichen. Kathy Labriola schlägt vor, eine **„jealousy pie“** zu zeichnen, der einer*m verdeutlichen soll, ob und welche der drei Emotionen vordergründig zum Vorschein kommt. Bei mir nimmt die Angst 50% des Kuchens ein, Wut 20% und Traurigkeit 30%.

Wichtig Fragen wären in meinem Fall:

1) Wovor habe ich Angst?

2) Wie wahrscheinlich ist es, dass sich meine Ängste bewahrheiten?

3) Wie gehe ich damit um, wenn sie sich bewahrheiten? Was kann ich tun, um mich um mich selbst zu kümmern? Was brauche ich?

Der letzte Punkt ist besonders wichtig, weil das eigentlich der Dreh- und Angelpunkt der ganzen Transformation ist. Ich kann nicht besser mit Situationen umgehen, wenn ich nicht weiß, was ich brauche, um mit ihnen gut umzugehen. Was fühlt sich gut an? Was kann ich machen, um self care zu betreiben? Mir hilft es zum Beispiel, mir schöne Dinge vorzunehmen, wenn mich Situationen verunsichern. Ich muss nicht den ganzen Abend zu Hause sitzen und mich gewissermaßen zwingen, die Eifersucht auszuhalten, wenn eine meiner Beziehungspersonen gerade auf einem Date ist. Es ist auch okay und sogar sehr schön, mir eine schöne Abendgestaltung zu überlegen und gegebenenfalls Freund*innen um Unterstützung zu bitten. Ich muss nicht alleine irgendetwas durchstehen. Das fällt unter den Punkt „nicht zu hart zu sich selbst sein“, auf den ich etwas später eingehen werde. Manchmal ist es auch schön, sich noch einmal in Erinnerung zu rufen, dass viele meiner Vorstellungen von Liebe und Beziehungen von einer heteronormativen Gesellschaft[13] geprägt sind. Es macht total Sinn, dass ich eifersüchtig werde, wenn mir beinahe jeder Film und jedes Buch, den ich in meiner Jugend gesehen bzw. das ich in meiner Jugend gelesen habe, suggerieren, dass jede Beziehung aus zwei Menschen besteht und jegliche Form von Interesse, das über Freundschaft hinausgeht, als verwerflich und problematisch dargestellt wird. Wir lernen, dass Menschen nur Interesse an anderen Menschen entwickeln, wenn sie unzufrieden in ihrer Beziehung sind und ihre*n Partner*in nicht mehr begehren. Dass das nicht zwangsläufig stimmt, ist schwer zu verstehen, wenn ich die meiste Zeit meines Lebens diese Dinge nicht infrage gestellt habe. In welchem Film kriege ich auch zu hören: „Warte, lass dich nicht von diesem Film beeinflussen, du kannst immer noch selbst entscheiden, was du unter Eifersucht verstehst" oder „Kinder, das ist nur eine Form von Beziehung, da draußen gibt es noch so viel mehr zu entdecken. Husch, husch". Es gibt kaum role models für Polybeziehungen in Filmen/Büchern/Zeitschriften etc. und so ist es ganz logisch, dass es nicht einfach ist, seine eigenen Regeln, Grenzen, Strukturen und Bedürfnisse außerhalb einer geschlossenen monogamen Beziehung zu finden. Das kostet viel Energie und Zeit.

Ich habe vor nicht allzu langer Zeit für mich gelernt, dass es vollkommen okay ist, zu trauern, zu leiden und all den Schmerz zu empfinden, der mit dem Gefühl von Eifersucht in Erscheinung einhergeht. Daran ist nichts Verwerfliches oder Schlechtes. Es ist auch sehr wahrscheinlich, dass ich als Person in einer Polybeziehung und zwei offenen Beziehungen immer wieder eifersüchtig bin. Ich bin nicht immun dagegen, ich bin (genauso wie andere Menschen auf dieser Welt) manchmal unsicher und manchmal auch besonders empfindsam für gewisse Situationen und ich will mich dafür nicht schämen müssen. Mir ist es jedoch auch wichtig geworden, dass ich mich nicht von der(n) Emotion(en) überwältigen lasse. Eifersucht kann so kompliziert sein und eine*n im wahrsten Sinne des Wortes vollkommen überrollen, aber ich mache mir immer wieder bewusst, dass ich immer noch die Kontrolle über meine Handlungen habe und an bestimmten Sachen arbeiten kann, wenn ich es denn will.

Embrace your jealousy. Ein Plädoyer für Eifersucht

Als ich angefangen habe, mich mit offenen Beziehungen auseinanderzusetzen, war die einzige Message, die ich immer und immer wieder bekommen habe: Eifersucht ist schlecht. Das Ziel sollte sein, mich davon zu befreien, weil alles, was dahintersteht, verwerflich ist. Meine erste Lektüre zu dem Thema schaffte es sogar, diese Aussage in Bilder zu fassen. Auf dem Cover war ein Herz zu sehen, umschlungen von stählernen Ketten, versiegelt durch ein mächtiges Schloss. Andere Bücher, die später folgten, benutzten lieber aussagekräftige Wörter, wie etwa „Eifersucht bewältigen“ oder „Eifersucht überwinden“. Schlussendlich stieß ich auf „The Ethical Slut“, ein Buch, das scheinbar alle Menschen, die sich mit offenen Beziehungen auseinandersetzen, mindestens einmal in ihrem Leben in den Händen gehalten haben, und selbst dort fand ich mich nicht wieder. Ich hatte das Gefühl zu scheitern.

In der Folge fühlte ich mich schlecht und schuldig, weil ich es wagte, eifersüchtig, eingeschüchtert und überfordert zu sein, weil ich scheinbar schon an den Grundlagen einer offenen Beziehung scheiterte. Heute sehe ich das anders.

Klar, Eifersucht ist kompliziert und vielfältig und manchmal schwer zu durchschauen, aber sie kann auch auf zwei Dinge hindeuten. Zum einen werden mir meine eigenen Ängste und Sorgen vor Augen geführt. Zum anderen kann sie eine Reaktion auf meine Verletztheit sein, wenn andere Menschen sich unehrlich oder entgegen bestimmter Absprachen verhalten. In beiden Fällen komme ich nicht drumrum, mir zu überlegen, was ich möchte, was mir wichtig ist und wie ich zwischenmenschliche Beziehungen führen will. Wenn jemand sich unehrlich verhält und ich das Vertrauen in den Menschen verliere, merke ich vielleicht, dass Ehrlichkeit für mich die Grundvoraussetzung für jegliche Beziehung ist. Wenn Absprachen missachtet werden, liegt die Frage nach dem Wieso nahe und kann dazu anregen, sich über die eigenen Bedürfnisse und deren Realisierbarkeit Gedanken zu machen.

So oder so, ich werde auf mich selbst zurückgeworfen und lerne mich besser kennen. Keine Frage, das ist verdammt hart und verdammt anstrengend. Zum einen, weil sich hinter Eifersucht unter anderem Verlustängste, Neid, Minderwertigkeitsgefühle, Scham, Missgunst, die Suche nach Sicherheit und noch viel, viel mehr verbirgt. Zum anderen, weil Eifersucht ein großes kompliziertes Geflecht aus Vergangenheit, Gegenwart und Zukunft ist; zum Beispiel kann ich mich in der Gegenwart von einer schmerzvollen Situationen aus der Vergangenheit getriggert fühlen und Angst haben, dass sich genau das Gleiche noch einmal in Zukunft ereignen wird.

Eifersucht ist dabei ein bisschen wie eine Qualle: Mal schwimmt sie unbehelligt und unbemerkt im Meer herum, mal ist sie ganz aufgewühlt und unruhig und bewegt sich hektisch in alle Richtungen. Dabei ist es wichtig, nicht zu vergessen, dass wir auf viele Dinge in unserem Umfeld, oder auf das Meer, um bei meinem Quallenbeispiel zu bleiben, keinen oder sehr wenig Einfluss nehmen können. Eifersucht kann sich je nach meinen eigenen Situationen und täglichen Erfahrungen mal stärker und mal schwächer anfühlen. Mal kann ich mich gut für andere Menschen mitfreuen und mal liege ich wieder auf dem Boden, weine und kann mich kaum bewegen, weil mich alles überwältigt. Ich muss nicht zu jedem Zeitpunkt in meinem Leben bereit sein, eine bestimmte Form von Beziehung zu führen. Das Gefühl zu scheitern hatte ich nur, weil ich mich durch Bücher wie „The Ethical Slut“ unter Druck gesetzt gefühlt habe, zu jedem Zeitpunkt in meinem Leben polyamore Beziehungen zu führen, und das bis an mein Lebensende. Durch Bücher wie „Love in Abundance“ von Kathy Labriola ist mir zum erste Mal bewusst geworden, dass ich in meinem Leben sowohl polygame Beziehungen als auch monogame Beziehungen führen kann und will. Es ist genauso okay, Monobeziehungen zu führen, wie es okay ist, Polybeziehungen zu führen, solange man ehrlich zu sich selbst und ehrlich zu seinen Beziehungspersonen ist.

Es gibt durchaus Menschen, die nie eifersüchtig sind und es vielleicht auch nie sein werden. Genauso gibt es Menschen, die immer wieder Eifersucht empfinden und sie auch in Zukunft empfinden werden. Wenn ich mir als Ziel setze, nie wieder Eifersucht zu empfinden, ist die Fallhöhe sehr hoch und ich werde mich immer wieder aufs Neue enttäuschen, denn es können immer wieder Situationen kommen, die ich so nicht vorhergesehen habe. Sobald ich akzeptiert hatte, dass Eifersucht ein Teil von mir ist und dass jede Emotion ihre Daseinsberechtigung hat, konnte ich mich damit auseinandersetzen und einen Umgang damit finden. Meine Devise heute lautet: immer schön atmen. Jedes Tempo für Veränderungen ist richtig. Nicht zu hart zu mir selbst sein, denn ich bin gut so, wie ich bin.

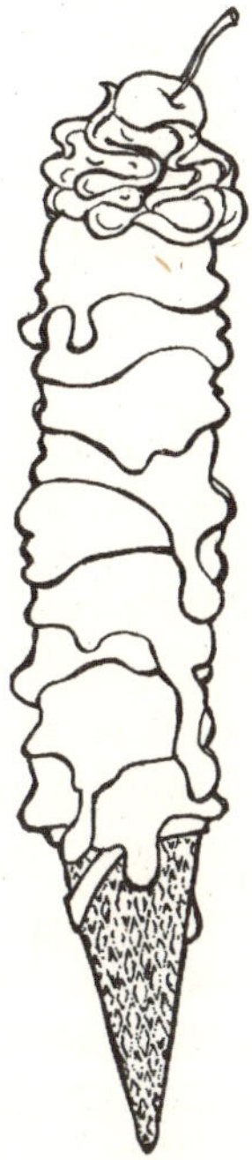

Acht Tipps für den Umgang mit Eifersucht

Wie ihr wisst, beschäftige ich mich seit Längerem mit dem Thema Eifersucht. Mir ist es wichtig, wertschätzend darüber zu schreiben, und auch in meinen Workshops verfolge ich einen „Embracing jealousy“-Ansatz. Ich lerne immer wieder neue Ideen und Methoden für den Umgang mit Eifersucht kennen gehe nach jedem Workshop mit neuen Erkenntnissen nach Hause. In dem nachfolgenden Text möchte ich ein paar meiner Lieblings-Tipps mit euch teilen – schließlich will ich nicht die einzige sein, die davon profitiert.

Atmen und eingestehen

Eifersucht ist ein komplexes Geflecht aus Emotionen. Das macht es zum einen schwer zu ergründen, wo das Gefühl seinen Ursprung hat, und zum anderen ist es selten eine große Hilfe, die scheinbar schlüssigsten und überzeugendsten Argumente aufzufahren, wieso man sich nicht auf diese oder jene Art und Weise zu fühlen hat. Warum? Weil die Emotionen, die mit Eifersucht zum Vorschein kommen, da sind, ob man will oder nicht. Sie haben, wie alle anderen Dinge, die wir empfinden, eine Daseinsberechtigung und können deswegen nicht argumentativ beiseite geräumt werden. Ich finde es manchmal sehr schwer, mir einzugestehen, dass ich eifersüchtig bin. Eine Zeit lang dachte ich sogar, dass es mein Ziel sein sollte, mich „von meiner Eifersucht zu befreien“. Dabei wollte ich sie viel lieber umarmen und als einen Teil von mir begreifen. Ich denke, dass ich meine Eifersucht erst verstehen und kennenlernen konnte, als ich einmal (vermutlich waren es eher 100 Male) kräftig durchgeatmet und mir eingestanden habe, dass ich eifersüchtig bin.

Wohlfühlen, wenn ich mich unwohl fühle

Ich vergleiche die Eifersucht gerne mit einer Qualle. Das Meer, in dem sie sich befindet, kann sich jederzeit ändern. Mal kann es rau, stürmisch, unvorhersehbar oder unberechenbar sein und mal ganz ruhig. Ähnlich verhält es sich mit der Eifersucht. Manchmal kommt es vor, dass so viele stressige Situationen in meinem Leben auf einmal auftreten und ich viel stärker auf beängstigende Eifersuchtsmomente reagiere, als ich es eigentlich von mir gewohnt bin. Dann ist es für mich besonders wichtig zu akzeptieren, dass ich in solchen Momenten zum Teil andere Grenzen und Bedürfnisse habe, als ich hätte, wenn alles entspannt und ruhig wäre. Nur, weil ich mich einmal mit etwas wohlfühle, heißt das nicht, dass ich es immer und zu jedem Zeitpunkt tun werde. Ich finde es vollkommen in Ordnung, dass nicht immer und zu jedem Zeitpunkt alles in offenen Beziehungen offen sein muss. Das bedeutet für mich, dass ich mich erst einmal frage, was ich brauche, um mich wohlzufühlen, wenn ich mich unwohl fühle.

Energien umlenken

Manchen Menschen, mir inklusive, kann es total helfen, mit den angestauten Energien etwas anzustellen. Manchmal habe ich das Gefühl, vor Traurigkeit, Wut oder Ärger zu platzen. Mir hilft es dann zum Beispiel zu schreiben. Die Gedanken fließen zu lassen, kann wie ein Ventil für meine Gefühle sein. Eifersucht ist außerdem häufig etwas sehr Körperliches. Deswegen kann es auch helfen, sich einmal kräftig zu schütteln, zu schreien oder anderen körperlichen Betätigungen nachzugehen, um sich von dem möglichen Ohnmachtsgefühl zu lösen.

Eine Frage der Strukturierung

Für Menschen, die gerne Dinge strukturieren – und wieder fühle ich mich davon sehr angesprochen ;) – kann es hilfreich sein, Gefühle auf einer Skala[14] zu verstehen. Beispielsweise können viele Situationen, die mit Eifersucht zu tun haben, mit einer ersten Irritation oder einem Gefühl von Verwirrung beginnen. Stellt man sich jetzt eine Skala vor, würde bei mir als nächstes Frustration oder Ärger folgen. Irgendwo in der Mitte würde dann Wut stehen und am Ende Zorn, weil Zorn für mich länger anhält als Wut.

Es kann also hilfreich sein, sich entlang seiner eigenen Emotionen zu orientieren und sich zu fragen: In welche Richtung will ich mich bewegen?

Welches Gefühl ist für mich schwächer bzw. stärker als Wut, Ärger oder Zorn? Und ganz wichtig: Ist es okay, wenn ich es schaffe, mich „nur" zu ärgern? Und weil ich es nicht oft genug sagen kann, auch hier noch mal: nicht zu hart über sich selbst urteilen.

Methoden aus anderen Bereichen übernehmen

Es gibt eine Vielzahl an Methoden aus anderen Bereichen, die sich ganz wundervoll auf den Umgang mit Eifersucht übertragen lassen. Da gibt es den Bereich der Phobien, in dem häufig versucht wird, sich Schritt für Schritt an die Angst heranzutasten. Wenn beispielsweise jemand Angst hat, dass die Beziehungsperson bei Lovern übernachtet, kann man sich zunächst auf eine Zeit verabreden, zu der die Beziehungsperson nach Hause oder zu einem Treffpunkt kommt und die andere Person spüren lassen kann, dass sie auf ihre Gefühle Rücksicht nehmen möchte. Im nächsten Schritt könnte sich die Uhrzeit nach hinten verschieben oder flexibel werden usw. Ich finde es voll wichtig, nicht zu vergessen, dass in solchen Situationen meistens alle Beteiligten in irgendeiner Form zunächst einen Kompromiss eingehen und die Situation angespannt oder sensibel sein kann.

Eine weitere Methode können die vier Phasen der Trauer von Verena Kast[15] sein. Für mich hat Eifersucht nämlich häufig mit Loslassen bestehender Muster und dem Einlassen auf Neues zu tun. Das wiederum bedeutet, dass ich manchmal etwas Zeit brauche, um das Vergangene zu betrauern.

Eine meiner ersten positiven Erfahrungen mit Eifersucht hatte mit einem Treffen zu dritt zu tun. Es war das erste Mal, dass ich eine tatsächliche Begegnung mit der gefürchteten Lover-Person meiner Partnerin hatte. Davor waren mir zwei Sachen nicht so richtig klar. Zum einen dass dieser Mensch kein magisches Einhorn ist und ebenso wenig perfekt ist, wie ich es bin. Und, dass ich diesen Menschen tatsächlich sympathisch und nett finden könnte. Dieses allererste Treffen hat mich enorm erleichtert und es hat für mich einiges demystifiziert. Ich dachte, dass ich einen Übermenschen treffe, dabei war die Person ebenso nervös und unsicher, wie ich es war. Wir haben uns ziemlich gut verstanden und danach fiel es mir um einiges leichter, mit der Situation umzugehen. Die Tatsache, dass dieser Mensch kein Hirngespinst mehr war, dem ich alle möglichen Eigenschaften und Böswilligkeiten unterstellen konnte, machte es einfacher. Außerdem ist mir bewusst geworden, dass ich selbst die Entscheidung getroffen habe, dass ich diesen Menschen in mein Leben lassen möchte. Das Kennenlernen fühlte sich danach nicht mehr so aufgezwungen und von außen bestimmt an, sondern viel selbstbestimmter.

Discuss. Distract. Do."

Elisabeth Sheff hat die drei D's vor einiger Zeit auf „psychology today"[16] eingeführt. Diese setzen sich zusammen aus:

„discuss": Miteinander reden und versuchen, herauszufinden, was die Eifersucht ausgelöst hat. Dabei kann es helfen, sich zum Reden Rücken an Rücken zu setzen, statt sich anzuschauen. Dadurch ist man sich körperlich trotzdem nah und gleichzeitig kann es leichter fallen, einander ausreden zu lassen und zuzuhören. Außerdem sieht man nicht sofort das traurige, wütende oder verletzte Gesicht der anderen Person und kann sich besser auf das Gesagte einlassen.

„distract": Hier geht es im Grunde um self care. Ich muss nicht zu Hause sitzen und versuchen, alleine mit meiner Eifersucht klarzukommen, während meine Beziehungsperson auf einem aufregenden Date ist. Eifersucht ist kein Härtetest, es ist voll okay und gut, sich Unterstützung zu holen, wenn es einer*m hilft :)

„do“: Schöne und bedeutsame Dinge zusammen unternehmen, Pläne machen und kleine gemeinsame Abenteuer planen. Wenn ich neidisch und eifersüchtig bin, dass meine Beziehungsperson ein aufregendes Date hat, hilft es mir manchmal zu wissen, dass wir am kommenden Wochenende oder in naher Zukunft auch etwas Schönes gemeinsam geplant haben. Elisabeth Sheff schreibt hier nur von Sex bzw. physischer Nähe im Allgemeinen, aber ich weite das „Tun“ gerne auf quality time aus.

Gemeinsam schwärmen

Ein kleiner Tipp zum Schluss. Ich habe gemerkt, dass ich es sehr genieße, mich mit meinen Beziehungspersonen über kleine Flirts oder Momente der Anziehung auszutauschen. Zum einen, weil ich dann nicht aus allen Wolken falle, wenn ich mal wieder merke, dass ich natürlich nicht die einzige Person auf diesem Planeten bin, die meine Beziehungspersonen interessant finden. Zum anderen, weil diese Anziehungsmomente meist so kurz und flüchtig sind, dass sie vor allem eine Plattform für kleine Gedankenexperimente darstellen. So kann ich mir manchmal vorstellen, was es gerade mit mir machen würde, wenn daraus mehr entstehen würde. Das macht die Eifersucht und die damit zusammenhängenden Emotionen greifbarer.

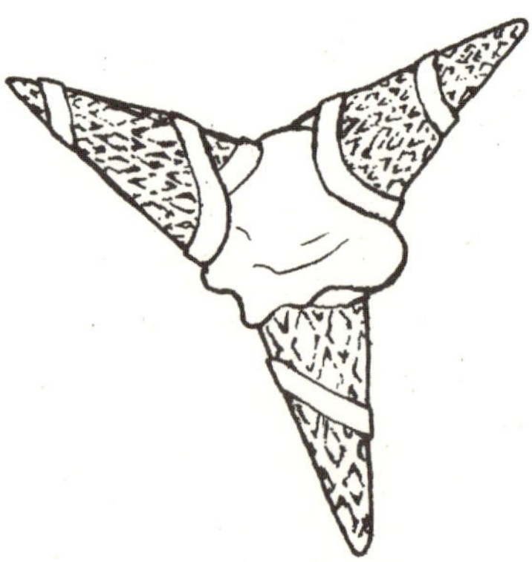

Eifersucht in Zeiten von Smartphones – besser, schlechter, anders?

Gerade eben bin ich beim Hören von „Sex Tapes Podcast – Smartphone Love“[17] auf die Verknüpfung von Eifersucht und Smartphones gestoßen und konnte nicht mehr aufhören, darüber nachzudenken. Plötzlich fielen mir so viele Situationen ein, in denen ich traurig oder ängstlich vor meinem Handy saß und versucht habe, die andere Person zu erreichen. Ich hatte auf einmal die Frage im Kopf, ob mein Handy mich in solchen Momenten eher unterstützt oder meine Eifersucht verschlimmert, weil ich jederzeit und zu jedem Moment in Kontakt treten kann … Zum Beispiel kann ich in Momenten von Unsicherheit Freund*innen schreiben, in der Hoffnung, dass sie mich aus der Ferne begleiten und im wahrsten Sinne des Wortes mit-leiden. Das ist gut. Dann ist da auch das Wissen, dass ich jederzeit meine Beziehungspersonen anrufen könnte, egal aus welchen Gründen. Das ist auch gut. Ich kenne aber auch das Gefühl des Wartens, dieses ewige Warten, wenn man gesehen hat, dass die andere Person die Nachricht schon gelesen hat und nicht antwortet. Das ist nervig. Je nach meiner mental health-Situation verstricke ich mich sogar in Gedankenspiralen und Fantasien über den „perfekten Abend“. Es lässt mir schließlich auch total viel Raum zum Nachdenken, wenn ich merke, dass meine Beziehungsperson antworten könnte, es aber nicht tut.

Ich mag es, wenn mein Handy eine Art Hilfsmittel ist. Wenn ich zum Beispiel mit Freund*innen schreiben oder telefonieren kann, während ich mit einer schwierigen Eifersuchts-Situation hadere. Ich mag es, wenn ich weiß, dass dort jemand ist, dem ich wichtig bin, der für mich da sein will, aber eben aus der Ferne. Ich mag es, wenn meine Beziehungspersonen mir liebevolle und rückversichernde Nachrichten schreiben können, mir aus der Ferne einen kleinen Kuss oder ein süßes Foto von ihnen schicken. Das hat mir schon häufig geholfen, wenn meine Beziehungsperson meiner Metamour verreist ist. Wenn ich neidisch und/oder eifersüchtig bin, mag ich es, wenn mir Aufmerksamkeit geschenkt wird, und das geht eben manchmal am einfachsten durch ein kurzes Video, eine E-Mail, eine SMS oder einen Anruf.

Das Problem dabei ist nur, und das wird mir gerade so richtig bewusst, dass sich all diese positiven Aspekte auch wahnsinnig blockierend und zurückweisend auf mich auswirken können. Wenn ich das Gefühl habe, dass es eine schnelle „Zwischendurch-Nachricht" ist oder die andere Person sich keine Zeit nimmt, mir zu antworten oder ich zu viel erwarte, denn mal ganz ehrlich: Wenn man im Urlaub ist, will man vielleicht nicht unbedingt all die kostbare Zeit am Handy verbringen. Am schlimmsten ist es für mich, wenn ich mich vergessen fühle. Für all das kann mein Handy auch ein Hilfsmittel sein.

Ich sehe beide Seiten, die Vor- und die Nachteile, die Frage ist nur: Was kann ich in Zukunft gegen die Nachteile tun?

Ich musste gerade daran denken, dass ich das letzte Mal, als mein Beziehungsmensch ein Date hatte und ich verunsichert war, darum gebeten habe, dass wir gar nicht schreiben. Ich hätte sonst immer wieder auf mein Handy geschaut und darauf gewartet, dass eine Antwort kommt und mich vielleicht geärgert, dass es nicht schnell genug geht. Das hat mir in dem Moment gut getan und ich empfand es als Erleichterung, nicht ständig auf mein Handy zu schauen. Zur gleichen Zeit habe ich mein Handy benutzt, um eine liebe Person in meinem Leben anzurufen und mit ein paar anderen Menschen ein bisschen zu schreiben, das hat mich abgelenkt und es hat mir ein gutes Gefühl gegeben, über andere Themen zu reden und nachzudenken.

Ich glaube, dass Handykommunikation noch viel schwieriger sein kann als die Kommunikation von Angesicht zu Angesicht, wenn das Thema sehr sensibel ist. Ich kann alles viel negativer, böswilliger und verletzender auslegen. Wenn ich mich sowieso schon in einer Wut-Spirale befinde, wieso nicht alles so negativ wie möglich verstehen? Manchmal ist der potenzielle wuterfüllte Blick, den man sich im Kopf ausmalt, um einiges schlimmer als der tatsächliche Blick. Deswegen ist Handykommunikation auch so heikel. Ich führe gewissermaßen ein Parallelgespräch mit mir selbst, während ich mit meinem Gegenüber schreibe. In diesem Parallelgespräch interpretiere ich alles mögliche, schließlich versteht sich ein Smiley nicht von selbst, er kann immer unterschiedlich ausgelegt werden. Das finde ich auch so anstrengend, obwohl es gleichzeitig aufregend sein kann. Flirten zum Beispiel, zweideutige Nachrichten, frivole Smileys, all das macht total viel Spaß, aber wenn ich eifersüchtig vor meinem Handy sitze und auf eine Antwort warte, ist das alles andere als spaßig.

Die Memo an mich lautet also: Es wäre gut für mich, noch mehr darauf zu achten, schwierige und heikle Situationen, insbesondere wenn es um Eifersucht geht, nicht am Handy zu entfachen. Gleichzeitig möchte ich mein Handy auch als Hilfsmittel verstehen. Manchmal tut es mir eben doch ganz gut, manchmal freue ich mich sogar, Nachrichten mit „Das Date ist voll schön!“ oder ähnliches zu bekommen. Ich fühle mich also genauso schlau wie am Anfang vom Text!

Warum ich Widersprüche mag, und was sie mit Polyamorie zu tun haben

Seit ich in Deutschland lebe, bin ich von Widersprüchen umgeben. Story of my life gewissermaßen. Ich bin seit meinem achten Lebensjahr in einem Land groß geworden, in dem ich bis vor ca. 70 Jahren noch umgebracht worden wäre. Soweit ich weiß, hat meine Familie keine Verwandten in Deutschland oder anderen Ländern gehabt, in denen Jüd*innen ermordet wurden. Trotzdem konnten unsere Verwandten und Freund*innen in Israel, Russland, den USA etc. sehr lange nicht verstehen, wieso wir überhaupt nach Deutschland gekommen sind. Ich konnte es selbst auch nie verstehen. Es hat sich immer wie ein großer Widerspruch angefühlt.

Noch widersprüchlicher fand ich die Tatsache, dass ich in der Schule die Vorzeige-Jüd*in war. Immer, wenn es um jüdische Traditionen oder Gepflogenheiten ging, war ich die Ansprechperson. Als hätte ich das alles wissen müssen. Ehrlich gesagt habe ich mich nicht mal getraut zuzugeben, dass ich es nicht weiß. Selbst heute fühle ich mich ertappt, wenn ich nicht jede Frage zum Judentum beantworten kann. Als wäre ich eine schlechte Jüd*in. Dabei hat Jüdischsein nicht unbedingt etwas mit Religion zu tun, ich kann mich als Jüd*in verstehen und muss nicht religiös sein.

Ich bin also sehr vertraut mit widersprüchlichen Gefühlen und doch habe ich erst neulich die Parallele zu polyamoren Beziehungen bemerkt. Seit ich poly/offen lebe, lebe ich mit Tausenden von Widersprüchen. Ich begrüße sie sogar sehr, seit ich weiß, dass sie da sind. Widersprüche bedeuten, dass man unterschiedliche Dinge gleichzeitig empfinden, fühlen, wahrnehmen kann. Zum Beispiel kann ich mich unsicher fühlen, wenn meine Beziehungsperson jemanden datet. Das Gefühl kann mich zu dem Wunsch verleiten, dass sie die Person nicht datet, denn dadurch würde die Unsicherheit verschwinden. Gleichzeitig kann ich mich für meine Beziehungsperson freuen. Beides kann ich gleichzeitig empfinden. Für mich ist das ein klassischer Widerspruch. Ich wüsste nicht, wieso ich nicht beides gleichzeitig fühlen dürfte.

Polyamorie fördert den Widerspruch, sie ist keine einspurige Straße der Gefühle. Vielmehr bringt sie eine große Bandbreite an Emotionen, Gedanken und Gefühlen mit, die zur gleichen Zeit auftreten können. Ich rede immer wieder mit Menschen, die gerne nur eine Sache empfinden wollen. Zum Beispiel empfinden sie es als problematisch, wenn sie sich nicht mit ihren Beziehungspersonen freuen können, Eifersucht empfinden oder wenn sie sich nicht immer bereit fühlen, für alles offen zu sein. Ich finde das alles andere als problematisch. Wieso sollte es nicht okay sein, den Widerspruch zuzulassen? Ich glaube, dass es sogar ziemlich gut sein kann, innere Reibung zu empfinden, das unterstützt mich dabei, meine Gedanken zu hinterfragen und fördert meinen inneren Dialog. Ich komme gewissermaßen mit mir selbst ins Gespräch. Ich glaube, solange ich nicht das Gefühl habe, dass es mir mit widersprüchlichen Gefühlen ausschließlich schlecht geht, empfinde ich sie als hilfreich.

Ich verstehe das Bedürfnis nach Eindeutigkeit. Widersprüche sind nicht so gern gesehen und oft nicht einfach zu ertragen. Ich habe das Gefühl, dass sie eher das Bedürfnis erzeugen, schnell Klarheit zu schaffen. Das kann ich sehr gut nachempfinden, ich liebe ja bekanntermaßen Struktur und Transparenz. Mit dem Widerspruch komme ich jedoch irgendwie klar. Er erinnert mich daran, dass Gefühle vielschichtig und komplex sein können – so wie Eifersucht. Ich empfinde es als große Bereicherung, Dinge wie Eifersucht großflächiger zu definieren, das macht sie greifbarer und irgendwie annehmbarer. Wenn ich beispielsweise eine sehr enge Definition von Eifersucht habe, wie etwa Eifersucht = Besitzanspruch, entzieht diese der Eifersucht ihre Möglichkeiten. Diese Definition macht sie gewissermaßen einseitiger als sie sein müsste oder könnte. Eifersucht ist für mich sehr widersprüchlich und das ist auch das Schöne daran, weil sie auch viele positive und bereichernde Aspekte haben kann, ohne die toxischen oder negativen Aspekte zu verkennen oder ignorieren zu wollen.

2017 hat Debora Antmann[18], Queer_Feministin, Aktivistin, Bloggerin und wütende Jüdin, in einem Dossier zum Thema Antisemitismus im „Missy Magazine" für mehr Widersprüche plädiert.[19] Sie sprach über jüdische Philosoph*innen und wie wir von ihnen lernen können. Da habe ich mich ertappt gefühlt: Es war die ganze Zeit schon vor meiner Nase, ohne dass es mir wirklich bewusst war. Jahrelang habe ich jüdische Philosoph*innen gelesen, den Widerspruch verschlungen, er war direkt vor meiner Nase und doch habe ich ihn nicht erkannt. Jetzt ist er mir präsenter denn je.

Über Sex mit neuen Menschen und die damit einhergehenden Gefühle

Content note: sexuell übergriffige Situationen

Ich habe schon häufiger darüber geschrieben, dass eines der Hindernisse dabei, mich auf neue Menschen einzulassen, meine Angst ist, dass ich meine eigenen Grenzen nicht direkt wahrnehmen kann, sie ignoriere, mich dabei schlecht fühle, sie einzufordern, oder ich schlichtweg in einer Situation lande, die ich als unangenehm oder übergriffig empfinde. Im letzten Jahr habe ich zum ersten Mal realisiert, dass es einen Unterschied zwischen Unsicherheit und Unwohlsein gibt.[20] Mit Unsicherheit meine ich an dieser Stelle, physisch oder psychisch in Gefahr zu sein. Ich kann und möchte nicht erwarten, dass ich mich nie wieder unwohl fühlen werde. Dagegen möchte ich mich wirklich nie, nie wieder unsicher fühlen, wenn ich es verhindern kann.

Mit neuen Menschen zu schlafen und mich physisch auf neue Menschen einzustellen, kann aus der Angst vor dieser Unsicherheit heraus sehr anstrengend für mich sein. Ich weiß, dass sich häufig ein Unwohlsein nicht verhindern lässt, weil es einfach eine komplett neue Situation mit einem Menschen ist, dessen Körper ich nicht kenne und der meinen Körper nicht kennt. Sich dabei immer mal wieder unwohl zu fühlen, weil es nicht bekannt und vertraut ist, sondern neu und ungewohnt, ist (für mich) sehr wahrscheinlich. Ich empfinde es als einen zu hohen Anspruch an die Situation, mich gar nicht unwohl zu fühlen. Unsicherheit zu vermeiden, ist für mich dagegen ein realistischer Anspruch an mich, die andere(n) Person(en) und die Situation. Zum Beispiel weiß ich inzwischen, wie sich mein Körper anfühlt, wenn er entspannt ist, ich weiß, wie sich bei mir Spaß und Erregung anfühlen, was für mich auf Wohlsein hindeutet. Unwohlsein dagegen verbinde ich mit Anspannung, Körperstarre, plötzlichen Schweißausbrüchen und unter Umständen auch getriggert werden. Diesen Unterschied zu kennen, hilft mir inzwischen dabei, herauszufinden, wann ich möchte, dass etwas aufhört und wann ich möchte, dass etwas weitergeführt wird.

Den Unterschied zwischen Unwohlsein und Unsicher-fühlen zu kennen, hat mir geholfen, mich an den Gedanken zu gewöhnen, mich auf andere und neue Menschen physisch einzulassen. Und so kam es also letztens zu einer sexuellen Situation, die wirklich sehr, sehr schön war. Ich fand es so schön, dass ich in dem Moment und selbst einen Tag danach nur positiv darüber gedacht habe, es hat mich sogar überrascht, dass ich nach dem Sex keine negativen Gefühle hatte. Denn bis dahin habe ich jedes Mal in meinem Leben, wenn ich Sex mit neuen Menschen hatte, früher oder später ein Schamgefühl empfunden. Das hängt damit zusammen, dass ich eine sexuell übergriffige Situation erlebt habe, als ich 15 Jahre alt war. Ja, ich bin inzwischen 28 Jahre alt, es sind also 13 Jahre vergangen, und immer noch (Fuck!) kommt diese beschissene Situation unterschwellig in meinen Kopf. Es war ein Moment, der sich mir als ein „Ich konnte meine eigenen Grenzen nicht wahren, ich habe es nicht geschafft, mich um mich zu kümmern und das gemacht, was eine andere Person von mir wollte" in mein Gehirn eingebrannt hat. (Und ja, ich weiß, dass es NICHT meine Schuld war, dass ich NICHT dafür verantwortlich war, und doch fühlt es sich immer noch so an, wenn ich mich für mich selbst schäme.) Jede sexuelle Situation, die ich danach hatte, war also schambehaftet. Ganz lange wusste ich nicht, wieso, bis ich auf diese Verbindung gestoßen bin. Das war sehr befreiend, aber auch frustrierend. Ich habe diese Erfahrung, oder besser gesagt, diese Situation, denn Erfahrung klingt irgendwie gewollt, so lange verdrängt, dass mir sehr lange einfach nicht klar war, dass es sie gab.

Worauf ich hinauswill, ist, dass ich nicht damit gerechnet habe, Scham zu empfinden, weil ich sie im ersten Moment nicht empfunden habe. Ich habe damit gerechnet, mich unwohl zu fühlen, achtsam auf meine Grenzen (und die der anderen Person(en)) einzugehen, und dabei komplett außer Acht gelassen, dass sich wieder dieses Schamgefühl in mir zusammenbrauen könnte. Ich war ziemlich frustriert und überrascht, dann aber auch wieder erleichtert, als ich gemerkt habe, dass es nicht mehr so viel mit mir macht wie früher. Klar, ich bin frustriert, dass es noch da ist, weil es mich nervt! Ich will mich nicht schämen, wenn ich tollen Sex hatte! Ich will nicht jede meiner Bewegungen und Geräusche infrage stellen und mich im Nachhinein fragen, ob und was daran komisch oder unangenehm war. Und doch ist dieses Verhalten nun mal auch ein Teil von mir, in dem Sinne, dass ich mental health-technisch gesehen genau das mache: Ich drehe Situationen so oft in meinen Gedanken hin und her, bis ich mir nicht mehr sicher bin, ob das, was ich eigentlich darüber denke, stimmt. Und ich finde immer etwas, das ich noch mal kritisch sehen oder hinterfragen oder worin ich mich komplett verlieren kann.

Lange Rede, kurzer Sinn: Mit einer neuen Person zu schlafen, macht so viel mehr mit mir, als ich theoretisch erahnen kann, und ist auch insofern aufregend, als ich wieder einmal gemerkt habe, wieso ich Polybeziehungen so sehr zu schätzen weiß. Ich bekomme so viel emotional care und Rückhalt von meinen Beziehungen und von den Menschen, die mir sehr nah sind, dass ich nicht wüsste, ob ich mich so verletzbar zeigen könnte, wenn ich all diese Menschen nicht in meinem Leben hätte. Polybeziehungen ermöglichen mir also in gewisser Weise, mit anderen Menschen sexuelle Erfahrungen zu machen. Dadurch, dass ich Rückhalt und Unterstützung habe, fühle ich mich bereit, mich dem Unwohlsein auszusetzen. Ich weiß, dass ich aufgefangen werde, und irgendwie bestärken meine Beziehungspersonen mich auch darin, neue Erfahrungen zu machen und mich nicht hinter meinem kleinen mental health-Monster zu verstecken. Was die Unsicherheit angeht, kann ich natürlich nie sagen, was wirklich auf mich zukommt, das kann vermutlich niemand von uns, aber es fühlt sich gut an zu wissen, dass Menschen in meinem Leben sind, denen ich wichtig bin und deren Aufmerksamkeit und Liebe mir definitiv ein Gefühl von Sicherheit geben.

In der Mitte zwischen zwei Beziehungen – wie läuft das eigentlich so?

Als ich zwei Beziehungen angefangen habe, wusste ich nicht so richtig, ob ich das überhaupt kann. Nicht emotional, ich war mir schon sicher, dass ich das vertrage. Ihr müsst wissen, dass ich ein ziemlich empfindsamer Mensch mit jeder Menge Emotionen bin, dementsprechend hat es nicht daran gelegen. Ich war mir logistisch einfach nicht sicher. Wie soll ich das hinkriegen? Wie schaffe ich es, dass sich alle fair behandelt fühlen und ich nicht das Gefühl habe, jemanden zu vernachlässigen? Wie schaffe ich es außerdem, die anderen Menschen in meinem Leben nicht zu vernachlässigen, Zeit für mich zu finden und mich dabei nicht völlig zu verausgaben?

Diese Fragen kriege ich immer wieder gestellt. Ich muss zugeben, dass ich gerne organisiert bin und das wirkt sich häufig zu meinem Vorteil aus. Ich stehe auf Pläne, ich mag Kalender und ich mag es auch, wenn die Pläne verwirklicht werden. Jap, ich bin ein ziemlicher Nerd, was Pläne angeht. Ich muss auch zugeben, dass es mich manchmal ganz schön aus dem Konzept bringen kann, wenn Menschen sich nicht an Pläne oder wenn Pläne nicht zusammenpassen und ich mich dann entscheiden muss. Vor allem, wenn ich mich entscheiden muss, Termine zu verschieben. Ich hatte lange Angst, dass sich eine von beiden Beziehungspersonen benachteiligt fühlt, wenn ich Treffen verschiebe oder absage. Mir war es immer wichtig, mich fair zu verhalten und allen Bedürfnissen gerecht zu werden. Ich wollte von Anfang an keine Primär- und Sekundärbeziehung führen.

Was bedeutet eigentlich „fair"? Wie fühlt sich niemand benachteiligt? Alleine schon wegen der NRE (New Relationship Energy) am Anfang einer Beziehung kann es schwer sein, sich nicht komplett in der Verliebtheit zu verlieren. Ich würde sagen, dass ich mich fast zügeln musste, um nicht einfach nur verliebt durch die Gegend zu schwanken, sondern auch Zeit und Energie und Lust in meine andere Beziehung zu stecken und beiden Beziehungen gerecht zu werden. Ich kriege immer wieder mit, dass auch andere Menschen, ähnlich wie ich, mit diesem Wendepunkt strugglen. Ich kann das total nachempfinden und habe diesen Konflikt früher sogar mit einem „alten" und einem „neuen Spielzeug" verglichen. Wie gesagt, ich finde jetzt nicht mehr, dass die Spielzeugmetapher auch nur ansatzweise treffend ist, aber so habe ich mich in dem Moment eben gefühlt. Jemand Neues kennenzulernen ist aufregend und spannend und, klar, auf jeden Fall neu. Ich werde immer mal wieder gefragt, was Menschen in einer NRE-Situation tun können. Well, ich glaube, dass es auf drei Dinge hinausläuft:

Zum einen liegt es an der Person, die sich verliebt, nicht den Überblick und insbesondere nicht die andere Beziehung aus den Augen zu verlieren. Ich weiß, es kann ganz schön schwierig sein, wenn man soooo viele Gefühle auf einmal spürt und vor allem auch noch so intensive Gefühle. Das kann super herausfordernd sein. Ich glaube, es ist trotzdem gut, nicht auseinanderzudriften und sich aktiv Zeit füreinander zu nehmen, auch und insbesondere dann, wenn man schon lange keine intensiven Verliebtheitsgefühle mehr füreinander empfindet. Vor allem sollte die „alte" Beziehung nicht im Schatten der Verliebtheit der neuen Beziehung verschwinden. Dazu gehört es dann auch, Kleinigkeiten zu vermeiden, wie etwa das ständige Aufs-Handy-schauen, jede zweite Geschichte mit dem Namen der NRE-Person zu beginnen oder nur noch über das Verliebtheitsgefühl zu reden. Ja, es ist mega schön, aber die nicht-verliebte Person empfindet das Gefühl nicht und ist unter Umständen verunsichert. Wenn sich alles nur noch um das neue Gefühl dreht, kann das dazu führen, dass die jeweils andere Beziehung oder Beziehungen sich zurückziehen und Menschen auseinanderdriften.

Zum anderen kann man diese neue Energie auch auf alle Lebensbereiche beziehen. Verliebt zu sein kann bedeuten, dass man mehr Energie verspürt und sich total beflügelt fühlt, wieso sollte man das Gefühl nicht auch einfach auf andere Bereiche beziehen? Das kann wiederum total vitalisierend, erfrischend und schön sein. Zum Beispiel Ausflüge zusammen machen, die schon ewig aufgeschoben wurden, oder Dinge erledigt kriegen, die man schon ewig zusammen fertig machen wollte. Auch in Kleinigkeiten kann sich diese Energie äußern, zum Beispiel, dass man mal wieder realisiert, wie glücklich man eigentlich ist, so viele liebende Menschen im Leben zu haben. Ich finde es total schön, wenn ich bei anderen Menschen diesen Schwung mitbekomme und lasse mich gerne ein bisschen auf der Welle der Gefühle mitnehmen.

Die letzte Sache ist vielleicht ein bisschen banal, aber mir hat sie geholfen. Verliebtheitsgefühle halten nicht für immer in dieser Intensität an. Irgendwann gehen sie auch vorbei und dann fühlt man nicht mehr so ein starkes Ungleichgewicht. Klar, das klingt jetzt erst mal nach abwarten und Tee trinken, und tatsächlich ist es das auch ein bisschen. In der Zeit kann man sich dafür entscheiden, sich zurückzuziehen und auf sich selbst zu konzentrieren und/oder sich erst recht Mühe umeinander zu geben. Mir hat es total viel Kraft und Zuversicht gegeben, dass ich solche Situation gemeistert (bekommen) habe. Ich glaube, dass jede neue Veränderung und jede neue Herausforderung erst mal schwierig, scheiße und anstrengend sein kann, aber wenn es vorbei ist, nimmt man daraus vielleicht neue Strategien und Erkenntnisse über sich selbst und über die Beziehungen, die man führt, mit.

In der Mitte zwischen zwei Beziehungen zu sein, bedeutet für mich also: Immer wieder neue Herausforderungen und immer wieder die Angst, dass ich jemanden verletzen, enttäuschen oder zurückweisen könnte. Es ist aber auch wahnsinnig schön, so viel Liebe, Unterstützung und Aufmerksamkeit zu erfahren. Manchmal ist es auch zu viel. Da möchte ich einen 48-Stunden-Tag haben. Dr. Vulva hat es letztens bei „Kleinerdrei" mit den Worten: „Irgendwann ist der Terminkalender voll"[21] auf den Punkt gebracht. Irgendwann habe ich keine Kapazitäten mehr, wenn ich versuche, meine Beziehungen ohne Primär/Sekundär- oder Lover*in-Beziehung-Hierarchien zu führen. Ich frage mich, ob sich das irgendwann ändert, wenn mehr Menschen dazukommen. Ich bin gespannt, was noch so auf uns zukommt!

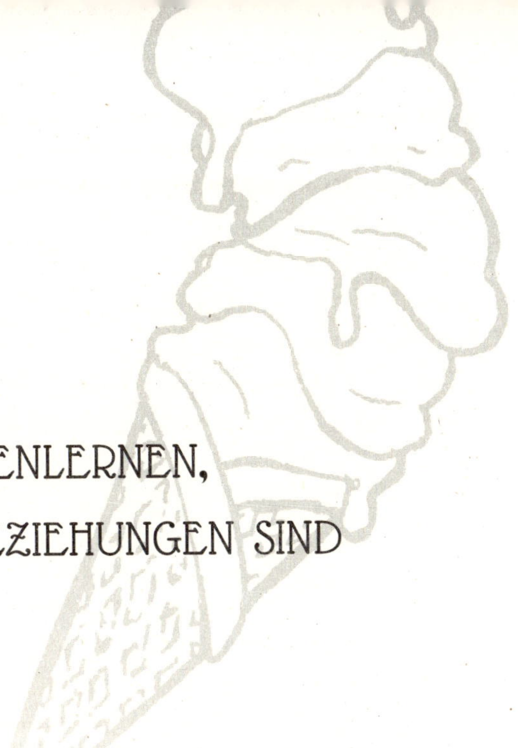

Menschen kennenlernen, die bereits in Beziehungen sind – ein Interview

Da ich nicht die Antworten auf alle Fragen und Perspektiven des polyamoren Universums habe, habe ich zwei sehr enge Freund*innen von mir gefragt, wie ihre Erfahrungen mit Polyamorie waren. Sara und Frieda[22] haben ihre Partner*innen kennengelernt, als diese bereits in anderen Beziehungen waren. Somit kamen sie in ein bestehendes Polykül dazu bzw. haben das Polykül erst ins Leben gerufen. So ähnlich ihre anfänglichen Voraussetzungen vielleicht scheinen, so unterschiedlich waren die Erfahrungen letzten Endes. Sara lernte ihren Partner vor etwa einem Jahr kennen, als die beiden sich auf Tinder über den Weg stolperten, anfänglich nicht auf der Suche nach einer langfristigen Bindung. Ihr Partner ist verheiratet und hat inzwischen zwei Kinder, zum Zeitpunkt des Kennenlernens war die Partnerin ihres Partners im dritten Monat schwanger. Frieda hingegen lernte ihre Partnerin vor vier Jahren kennen, Kinder waren da nicht involviert, dafür eine langjährige Beziehungsperson.

YANIV: Wie habt ihr euch denn in der Anfangszeit so gefühlt, jemanden kennenzulernen, der schon in einer Beziehung ist und ihr quasi in diese Konstellation reingekommen seid?

SARA: Als ich meinen Partner kennengelernt habe, war es so, dass er schon länger verheiratet und seine Partnerin im dritten Monat schwanger war. Also von der Ausgangssituation war es auf jeden Fall so gedacht, dass man sich ein paarmal sieht und dann war's das auch. Das war jetzt vor fast einem Jahr, also ist es recht anders gelaufen als gedacht. Ich habe auf jeden Fall gemerkt, dass bevor ich mich da irgendwie auf etwas Festeres einlassen konnte, ich sie erst kennenlernen musste. Das war mir von Anfang an ziemlich wichtig und klar, dass das die Grundvoraussetzung war.

FRIEDA: Weil du nicht wusstest, ob das für seine Partnerin wirklich okay ist?

SARA: Ja, genau! Er hätte mir ja erzählen können, was er will. Woher weiß ich das auch? Nur, weil ein Typ, den ich auf Tinder kennengelernt habe, sagt „Meine Frau ist im dritten Monat schwanger, wir haben ein Kleinkind zu Hause, aber das ist alles voll okay", heißt das wirklich nichts. Ich habe das Bedürfnis gehabt, mich davon zu überzeugen, dass das wirklich so ist.

YANIV: Wann hast du dann seine Partnerin kennengelernt?

SARA: Das muss gewesen sein, nachdem wir uns ungefähr drei Monate gedatet hatten. Wir waren zu dritt essen und für mich war das ein sehr lösender und entspannender Moment. Klar, auch mega aufregend, aber in erster Linie habe ich da zum ersten Mal gemerkt, dass das wirklich entspannt und okay zu sein scheint.

YANIV: Mich interessiert gerade, wie ihr beiden das empfunden habt, dass die Menschen, die ihr kennengelernt habt, schon eine Beziehung hatten und dieser Status einer Beziehung omnipräsent die ganze Zeit da war. Für die meisten ist es ja so, dass sie dann weniger Flexibilität haben und sich vielleicht sogar an die Regeln und Absprachen halten mussten, die diese Beziehung vorgegeben hat. Wie habt ihr das empfunden?

SARA: Ganz am Anfang fand ich das sehr angenehm und entspannt, weil es mir Sicherheit gegeben hat, dass es keine halben Sachen waren. Ich wusste genau, wann wir uns sehen und wie viel Zeit wir zur Verfügung haben. Am Anfang haben wir uns nur alle zwei Wochen gesehen und dann irgendwann einmal in der Woche. Das hatte natürlich den Vorteil, dass ich mich dann darauf freuen konnte, weil das so was Fixes in meiner Woche war. Als es dann losging, dass wir uns häufiger und auch spontaner sehen wollten, habe ich schon gemerkt, dass es ein komisches Gefühl war, dass er dann erst seine Partnerin fragen musste. Ich konnte es mir schon logisch erklären, wieso das so passiert, aber es hat sich komisch angefühlt, dass da eine andere Person ist, die darüber entscheidet, wie meine Beziehung funktionieren kann oder nicht.

FRIEDA: Das gab es bei mir am Anfang auch, dieses Bild in meinem Kopf, dass die andere Beziehung Macht über meine Beziehung hat. Meine Partnerin hat mit ihrer Partnerin anfangs ganz viel absprechen müssen, aber das hat mich am Anfang gar nicht so beschäftigt. Ich habe es lange versucht, ein bisschen von mir wegzuhalten, dass ich mich da gerade in eine Beziehung begebe, weil ich zu dem Zeitpunkt eigentlich gar keine Beziehung anfangen wollte.

SARA: Ich hatte eigentlich nicht das Gefühl, dass die beiden so krass ihre Regeln hatten oder haben. Ich hatte eher das Gefühl, dass sie für sich in ihrer Beziehung eine andere Selbstverständlichkeit haben. Zumindest kam es bei mir nicht so an, dass ich gegen ein festes, bestehendes Regelwerk angehe. Das Organisatorische nahm und nimmt meiner Meinung nach eher viel mehr Raum ein.

YANIV: War Neid oder Vergleichen ein Thema für euch?

FRIEDA: Für mich ganz lange nicht und dann hat es mich plötzlich umgehauen wie ein Hammer. Ich wusste natürlich von vornherein, dass das eine Polybeziehung ist und mir war klar, dass da auch Neid und Eifersucht vorkommen kann, aber als es mich dann erwischt hat, das war richtig krass für mich.

SARA: Ja, stimmt, Neid, aber eher in kleineren Momenten. Zum Beispiel, wenn es mal vorkam, dass ein Treffen nicht geklappt hat, hatte ich dann das Gefühl, dass ich einstecken muss. Oder wenn seine Partnerin die letzten drei Nächte die Kinder ins Bett gebracht hat, dann ist halt er wieder dran und das lässt sich nicht so leicht verändern. Ich war dann eher neidisch auf das Alltägliche. Wenn wir uns dann wieder trennen mussten, dann ging er zurück in die Familie und seinen Alltag. Aber das hat sich gerade auch wieder geändert.

YANIV: Was hat dazu geführt, dass sich das gerade ändert?

SARA: Vor allem, als dann das zweite Kind auf die Welt kam 2019 und wir, vor allem über die Feiertage Ende des Jahres, mehr Flexibilität hatten, um Zeit miteinander zu verbringen, aber auch klar war, dass er ja keine ganze Woche bei mir sein kann. Das hat dann dazu geführt, dass ich mehr mit ihm, den Kindern und auch mit ihm und seiner Partnerin in deren Alltag Zeit verbracht habe. Es war schön zu merken, dass ich kein Störfaktor bin für sie, das hatte plötzlich so eine Selbstverständlichkeit.

YANIV: Wie haben eure Familien darauf reagiert? Was waren da eure Erfahrungen?

SARA: Meinem Vater habe ich es noch nicht erzählt, fällt mir gerade auf. Ich glaube, ich habe einfach keine Lust, es erklären zu müssen. Bei meiner Mutter und ihrem Partner habe ich dagegen schon recht viel Vorarbeit geleistet die letzten Jahre und ich glaube, es war nicht allzu überraschend für sie, dass Polyamorie ein Thema für mich werden könnte. Irritierte Kommentare bekomme ich manchmal noch zu hören, aber ich muss auch dazusagen, dass die beiden, trotz der Skepsis, sehr verständnisvoll sind und mir ihre Meinung nicht aufdrängen. Sie haben meinen Partner auch schon kennengelernt und das war total schön.

FRIEDA: Ich glaube, dadurch, dass meine Beziehung schon ein paar Jahre geht, habe ich nicht mehr das Bedürfnis, das sofort allen zu erzählen, dass wir polyamor leben. Und davon abgesehen wissen es einfach schon sehr viele Menschen, insbesondere die, die mir wichtig sind. Das ist einfach kein Thema mehr, dass wir zusammen sind und meine Partnerin und ihre Partnerin nach wie vor zusammen sind. Das ist einfach kein großer Schock mehr. Ich muss allerdings sagen, dass meiner Familie davon zu erzählen schon sehr herausfordernd war, weil die das einfach nicht kennen und etwas zu verstehen, was man nicht kennt, kann schon schwierig sein. Ich habe dann irgendwann beschlossen, ihnen einen Ordner mit deutschsprachigen Artikeln, inklusive meinen

Kommentaren, zum Thema Polyamorie zusammenzustellen und per Post zu schicken – das kam sehr gut an.

YANIV: Was, würdet ihr sagen, waren schöne oder überraschende Erfahrungen?

SARA: Auf jeden Fall das erste Mal in der Wohnung von meinem Partner und seiner Partnerin zu übernachten. Das war eine krasse Erfahrung, weil wir am nächsten Morgen dann zu dritt darüber gesprochen haben, wie sich das gerade angefühlt hat und dann gemerkt haben, dass es erst komisch oder ungewohnt war, aber letzten Endes doch sehr entspannt für alle. Vielleicht noch nicht vollkommen entspannt, aber unerwarteterweise entspannt.

FRIEDA: Ich glaube, mir sind gerade nur die großen Momente präsent. Es gab beispielsweise eine Situation, da war ich sehr eifersüchtig und habe dann mit der Partnerin meiner Partnerin gesprochen und das war total schön, weil ich gemerkt habe, dass ich sie in der Situation nicht zu der „Bösen" mache und mich auch verletzbar zeigen darf. Ich mag einfach, immer wieder zu merken, dass sie eine coole Person ist, die ich auch sehr gerne mag.

SARA: So einen ähnlichen Moment gab es bei mir auch. Ich hab vor ein paar Monaten die Partnerin meines Partners alleine auf einen Kaffee getroffen. Davor hatte ich schon ein bisschen Angst, aber letzten Endes war es ein total schönes Treffen und wir haben gemerkt, dass wir uns einfach richtig gut verstehen und über alles mögliche austauschen konnten und gar nicht nur über die Person, die uns beide verbindet.

YANIV: Wie kommt ihr damit eigentlich zurecht, dass in unserer Gesellschaft ganz häufig eure Rolle als Außenbeziehung, Affäre, Mätresse, etc. dargestellt wird? Ist das etwas, was ihr am Anfang zu spüren bekommen habt oder auch jetzt noch?

FRIEDA: Ich muss schon sagen, dass ich es am Anfang erleichternd fand zu merken, dass die Beziehung meiner Partnerin nicht in die Brüche gegangen ist und dieses Bild sich nicht bestätigt hat. Das ist ja nichts, worauf ich hätte direkt Einfluss nehmen können, und es wäre auch vollkommen egal gewesen, was der wahre Grund hinter der Trennung gewesen wäre. Letzten Endes hätten viele mich als Beziehungsbrecherin gesehen.

SARA: Ich merke auf jeden Fall, dass die Tatsache, dass mein Partner zu dem Zeitpunkt, als wir uns kennengelernt haben, eine schwangere Partnerin und ein Kleinkind zu Hause hatte, dazu geführt hat, dass ich ihn und seine Perspektive häufiger in Schutz genommen habe. Denn das Bild, was bei vielen entstand, war, dass er seine schwangere Partnerin alleine zu Hause lässt und loszieht, um sich mit mir zu vergnügen. Da merke ich, dass ich auf jeden Fall in eine Rechtfertigung gehe. Ich betone in solchen Momenten dann immer, dass er natürlich seine freien Abende hat, aber sie ja genauso. Sie kann natürlich auch andere Menschen daten, wenn sie das möchte. Und wieso sollte er aus Prinzip darauf verzichten, wenn es für alle Beteiligten vollkommen in Ordnung ist?

FRIEDA: Eine Sache muss ich noch dazusagen. Als ich versucht habe, Literatur zu unserer Perspektive zu finden, habe ich kaum etwas gefunden. Meistens sind Bücher und Artikel aus der Sicht von Menschen geschrieben, die sich öffnen, das fand ich sehr schade. Was ist denn mit denjenigen, die dazukommen?

YANIV: Ja, das Gefühl habe ich auch. Mir ist auch irgendwann aufgefallen, dass eurer Perspektive und Rolle total viel an Gefühlen aberkannt wird. Als müsstet ihr alles aushalten können und euch auf alles einlassen, nur, weil ihr (noch) nicht den Status Beziehung habt. Ich sehe darin die Gefahr, die Gefühle der neu dazugekommenen Person weniger ernst zu nehmen oder besser gesagt, ich habe immer Angst vor einer Unfairness, wie seht ihr das?

SARA: Naja, aber es braucht auch erst einmal Zeit, um jemanden kennenzulernen und dann noch mehr Zeit, um die Beziehung, die da schon besteht, kennenzulernen, mit all ihren Dynamiken und Auseinandersetzungen. Ich erwarte nicht, dass ich jemanden kennenlerne und dann sofort einen großen Stellenwert in deren Leben einnehme.

FRIEDA: Angenommen ich bin Single und date jemanden monogam, dann würde ich ja auch nicht sofort meine gesamte Zeit und mein commitment in diese Beziehung stecken. Wir lernen uns ja gerade erst kennen.

Ich finde es nachvollziehbar, dass egal wie sich Menschen kennenlernen, es erst einmal Zeit braucht, sich kennenzulernen und zu merken, was man voneinander möchte. Es sollte sich natürlich nicht so anfühlen, als ob man Dinge mit sich machen lässt.

YANIV: Stimmt schon, ihr habt Recht. Nur, weil man schon eine Beziehung hat, bedeutet es nicht, dass jede neue Person, die dazukommt, automatisch die gleiche Bedeutung für mich hat wie der Mensch oder die Menschen, die schon da sind. Und dann achte ich dementsprechend vielleicht eher auf die Bedürfnisse der Person, die ich schon lange kenne und die mir schon sehr wichtig ist.

SARA: Du hast ja auf der einen Seite diese gefestigte, sichere Beziehung mit der gemeinsamen Vergangenheit, wo es natürlich schwer ist, ranzukommen, aber auf der anderen Seite hast du die frisch Verliebten, die die Honeymoon-Phase durchmachen. Meint ihr nicht, dass es dieses Ungleichgewicht dadurch ein bisschen balanciert?

FRIEDA: Stimmt, da gebe ich dir Recht. Der Knackpunkt oder der wichtigere Moment war für mich, als wir alle gemerkt haben, dass wir auf einmal eine Ernsthaftigkeit miteinander haben. Ab da hat sich dann alles verändert und davor fand ich es tatsächlich okay.

YANIV: Ich würde gerne am Ende noch hören, was ihr anderen Menschen als Tipps mitgeben möchtet. Was hat euch geholfen?

SARA: Sich gemeinsam kennenlernen fand ich wahnsinnig hilfreich. Zumindest der Person ein Gesicht geben, vielleicht ist es am Anfang auch zu viel, aber mir hat es mit der Zeit geholfen, eine gemeinsame Ebene zu dritt, zu viert etc. zu finden. Mir tat es außerdem richtig gut, die beiden in einem liebevollen Umgang miteinander zu sehen. Ich glaube, es war so ein bisschen die Sorge, dass ich nur eine nette Ablenkung bin, um ein bisschen Aufregung in deren Beziehung reinzubringen. Es hat also gutgetan zu sehen, dass das nicht so ist und auch gar nicht darum geht.

FRIEDA: Und, dass du auch nicht die Konkurrenz bist, oder?

SARA: Ja, genau! Ich nehme hier gerade niemandem etwas weg.

Frieda: Stimme ich total zu! Ich hätte es damals ganz gerne rausgeschoben, aber meine Partnerin war da hinterher, dass wir uns kennenlernen und das war auch sehr gut so letzten Endes. Mit der Erfahrung, die ich jetzt habe, würde ich nicht noch einmal in eine Beziehung reinstolpern, ohne mitbestimmen zu wollen, wie die Dynamiken und Hierarchien aussehen könnten. Ich würde eher wissen, was ich wichtig finde, das wusste ich damals noch gar nicht. Ich erinnere mich, dass ich mir damals sogar vorstellen konnte, eine Sekundär-Partnerin zu werden, aber mit den Erfahrungen, die ich jetzt habe, würde ich heute anders reingehen und andere Grenzen setzen.

Außerdem: Der eigenen Beziehung Symbole und Räume zu geben hat mir geholfen. Zum Beispiel wichtige Personen im Leben meiner Partnerin kennenzulernen und zu merken, dass ich nicht verheimlicht werde. Irgendwann haben wir uns auch ein Verbundenheitssymbol gegeben, das fand ich persönlich schön, weil es dann etwas war, was wir für uns haben.

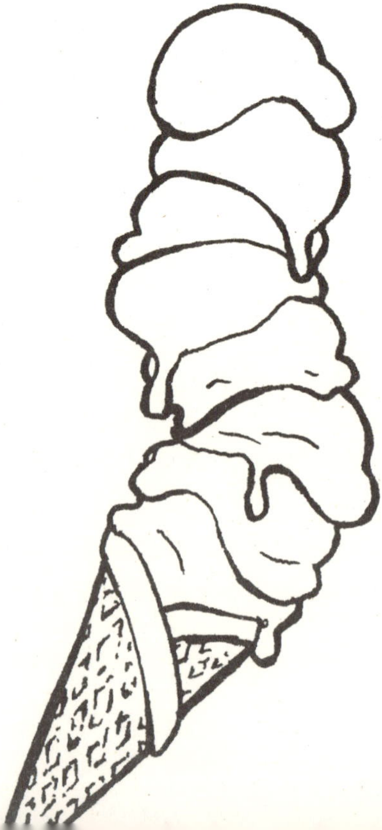

Ein kurzer Kommentar zu der Frage nach Zeit und Zeitmanagement in Polybeziehungen

Seit einiger Zeit stolpere ich immer wieder über Sätze wie „Poly kann man nur leben, wenn man entweder reich ist oder sehr unglücklich in seiner bereits bestehenden Beziehung“ oder „Ich habe nicht mal Zeit für eine Beziehung, wie sollen da mehrere möglich sein?“ Ich frage mich dann immer wieder, wieso Menschen nicht einfach Poly-People fragen, wie sie das eigentlich mit dem Zeitmanagement hinkriegen. Stattdessen wird erst mal ein Fehler angenommen oder das andere Extrem: übernatürliche Fähigkeiten oder massig Geld.

Allerdings ist die Frage auch nicht so leicht zu beantworten. Ich habe weder Superhero-Fähigkeiten noch besonders viel Geld. Was ich schon immer mochte, waren Planung, Orga, Struktur. Ich glaube, dass es mir deswegen leichter als anderen fällt. Hinzu kommt, dass ich nicht viel Zeit für mich brauche. Manche brauchen mehr, andere eben weniger. Ich glaube, dass es schwieriger wäre, alles unter einen Hut zu kriegen, insbesondere in der Intensität wie gerade, wenn ich gerne sechs Tage die Woche für mich hätte. Und selbst das wäre möglich, weil meine Beziehungen bedürfnisorientiert sind. Wir unterscheiden untereinander nicht in Primär- und Sekundärbeziehung, das wollten wir von Anfang an nicht. Stattdessen reden wir individuell über die jeweiligen Bedürfnisse in den Beziehungen. Außerdem mögen sich meine Beziehungspersonen sehr gerne. Dadurch können wir manchmal gemeinsame Aktivitäten planen, da muss sich dann niemand zwischen der einen oder der anderen Person entscheiden. Das ganze mit viel Achtung und Respekt und immer dem Gedanken im Hinterkopf „Ja, es ist nicht einfach, alles unter einen Hut zu kriegen, aber das hat auch nie jemand behauptet". Ich glaube auch, dass es schwieriger ist, wenn Menschen 50 Stunden die Woche lohnarbeiten, Kinder haben, Pflegearbeit übernehmen, mental health struggles haben, etc. Der Vorteil ist nur, dass ich einige dieser Sachen in meinem Polykül aufteilen kann. Wenn ich darüber nachdenke, Kinder zu kriegen, dann mit mehreren Menschen zusammen, das bedeutet mehr Ressourcen, mehr Zeit und mehr Kraft. Wenn ich an Geld denke, dann weiß ich, dass wir uns gegenseitig unterstützen, das nimmt viel Druck und die Verantwortung, immer alles alleine hinzukriegen, raus. Ich finde es schade, dass all diese Vorteile nicht bedacht werden. Gleichzeitig muss ich zugeben, dass mich meine Beziehungen manchmal zeitlich an meine Grenzen bringen. Ich will Zeit für andere Menschen in meinem Leben haben, für die WG und für mich. Zum Glück habe ich Beziehungsmenschen, die das wissen und nicht sauer sind, wenn es nicht sofort klappt, einander zu sehen!

4 Erziehungsberechtigte, 1 Kind

Mein Bruder und ich haben nicht viel gemeinsam. Trotzdem ist er die einzige Person in meiner Familie, die mich schon immer dabei unterstützt hat, so zu sein, wie ich bin. Ich war 16 und er war zehn Jahre alt, als ich mich vor ihm geoutet habe. Selten hatte ich ein so unaufgeregtes Outing. Ihm war es vollkommen gleich, wen ich begehre und wie ich begehre – solange ich glücklich bin, war er es auch. Ich weiß nicht, wie er dieses Thema sechs oder neun Jahre später aufgefasst hätte, aber ich glaube, dass es damals einfacher war, weil er noch keine gefestigte Meinung zu Homosexualität hatte. Ich glaube nicht, dass Kinder in einem bestimmten Alter grundsätzlich weniger homofeindlich sind oder Heteronormativität weniger verinnerlichen, aber sie hatten einfach weniger Lebensjahre zur Verfügung, in denen sich diese Gedanken tief in ihrem Bewusstsein verankern konnten.

Knapp zehn Jahre später plane ich mit drei anderen Menschen, zwei davon sind meine Partnerinnen und die dritte Person ist die Partnerin meiner Partnerin, Kinder zu bekommen, und denke viel an dieses Outing zurück. Es gibt mir auf eine absurde Art und Weise Hoffnung, dass jedes Kind ein Neuanfang ist und die Werte und Normen, die es umgeben, veränderbar sind. Gleichzeitig ist mir bewusst, dass, obgleich wir uns unser Zuhause vertraut, geborgen und sicher gestalten, die Welt da draußen größtenteils aus heterosexuellen, monogamen Müttern und Vätern besteht – wie können wir verhindern, dass unser Kind seine eigene Familie in Frage stellt?

Vermutlich gar nicht. Deswegen sind die Möglichkeiten, die unsere Vierer-Konstellation eröffnet, umso wichtiger. Das Kind wird vier Bezugspersonen um sich haben. Das bedeutet: vier liebende Menschen, viermal so viel Zeit und Energie, viermal finanzielle Ressourcen und vier Menschen, die sich gegenseitig unterstützen können. Es bedeutet aber auch mehr Aushandlungsbedarf und mehr Konfliktpotenzial und stellt uns vor die Herausforderung, Elternrollen und Verantwortlichkeiten zu definieren. Es gibt jede Menge Hindernisse und Schwierigkeiten, vor denen wir jetzt schon stehen. Beispielsweise ist es schwer, uns auf eine*n Spender*in zu einigen, zu zweit wäre das vermutlich einfacher. Außerdem habe ich jetzt schon Angst vor dem Gespräch mit meinen Eltern. Wie erkläre ich ihnen, dass ich kein Bedürfnis danach habe, schwanger zu sein, und mit drei anderen Frauen Kinder kriegen möchte? Da prallen Welten aufeinander. Außerdem stehen wir vor der Frage, wie wichtig es jeder Einzelnen von uns ist, dass sie eine rechtlich anerkannte Verbindung zu dem Kind hat. In Deutschland können immer nur zwei Menschen als Erziehungsberechtigte anerkannt werden, alles, was darüber hinausgeht, muss durch Vollmachten geregelt werden. Absurde Vorstellung, dass ich einen Ordner mit Vollmachten in der Tasche haben muss, um mit meinem Kind in den Urlaub zu fahren.

Die Auseinandersetzung damit führt mich unmittelbar zu der Frage nach Besitzansprüchen an Menschen. Klar, es ist wichtig, dass die Zuständigkeiten auf der rechtlichen Ebene geregelt sind, denn falls beispielsweise eine von uns stirbt, soll das Kind nicht ohne anerkannte Erziehungsberechtigte dastehen, oder falls es in ein Krankenhaus muss, sollen wir alle Mitsprache- und Besuchsrecht haben. Aber was ist mit all den anderen Situationen? Wie wichtig ist es mir, dass andere Menschen mich als Bezugsperson oder Erziehungsberechtigte wahrnehmen? Wie will ich Elternrollen definieren? Letztlich geht es um das Kind und nicht um mich. Ich will Verantwortung übernehmen und ich will ein gleichberechtigter Teil in unserer Vierer-Konstellation sein, aber ich will nicht ein Menschenleben für mich beanspruchen. Und ich will meinem Kind erst recht nicht meine Vorstellungen aufzwingen.

Menschen sind unvorhersehbar. Es können Dinge auf uns zukommen, die ich so nie erwartet hätte, und Situationen entstehen, mit denen ich nie gerechnet hätte. Was wir jetzt tun, ist, unser Vertrauen zu stärken – Vertrauen in die anderen und Vertrauen in unser Vorhaben. Es bestärkt mich, von anderen polyamoren Eltern zu lesen, weil ich sehe, dass es funktioniert, und wieso sollte es dann nicht auch bei uns funktionieren? Mit großer Freude lese ich zum Beispiel immer und immer wieder das Buch „Gummiband-Familien – Rubberband Families“[23] oder folge der Autor*in Margaret Jacobsen auf der Seite „Romper“[24], wo Margaret über sich als polyamore Mutter schreibt. Dort schreibt Margaret an einer Stelle: *“Their ’normal‘ isn’t the ’normal‘ most people experience, but they’re so deeply loved and cared for that they don’t think twice about it.”* („Ihr ‚normal‘ ist nicht das ‚normal‘ der meisten Menschen, doch sie werden so innig geliebt und umsorgt, dass sie nicht viel darüber nachdenken.“)

Für meine Eltern war es immer klar, dass ich ihr Kind bin und sie mich unterstützen wollen, aber sie hatten auch immer eine klare Vorstellung davon, wie sie mich gerne hätten. Dadurch fiel es ihnen schwer, mich dabei zu unterstützen, zu der Person zu werden, die ich werden will, und mein persönliches Wachstum zu bestärken. Dabei ist genau das der Dreh- und Angelpunkt einer liebenden Beziehung. Jemanden zu lieben bedeutet, einen Menschen darin zu bestärken, so zu sein, wie er ist, und dabei zu unterstützen, so zu werden, wie er sein möchte – mit all seinen Wünschen und Bedürfnissen. Und genau das wünsche ich mir für unser Kind.

(Zuerst veröffentlicht unter: http://missy-magazine.de/2017/02/06/4-muetter-1-kind/)

Kinderkriegen reloaded. Oder: Wo wir nach drei Jahren Gespräche führen stehen

Der Artikel „4 Erziehungsberechtigte, 1 Kind" ist im Februar 2017 veröffentlicht worden. Jetzt neigt sich das Jahr 2019 dem Ende zu und ich bin gleichzeitig traurig und glücklich, wenn ich mir meine Gedanken von vor drei Jahren durchlese.

Traurig, weil wir nach drei Jahren Gespräche führen, Spender*in suchen, Streit und Diskussionen immer noch keine Kinder haben und glücklich, weil wir diese drei Jahre wirklich gebraucht haben. Es mag manchen Menschen sehr lang scheinen, doch für uns waren die letzten drei Jahre genau die Zeit, die wir gebraucht haben, um uns darüber klar zu werden, welche Elternrollen wir haben wollen, wie wir finanziell alles hinbekommen, wie wir uns unsere*n Spender*in vorstellen und wer für uns infrage kommt, ob und wie wir zusammenwohnen wollen, etc.

Vor drei Jahren waren wir uns sicher, dass wir diese große Reise zu viert wagen wollen, heute sind wir immer noch zu viert, jedoch mit unterschiedlich verteilten Rollen. Über die Jahre hat sich gezeigt, dass drei von uns eine erziehungsberechtigte Rolle haben wollen und eine Person aus unterschiedlichen Gründen keine haben möchte und trotzdem eine wichtige Rolle in dem Leben des Kindes spielen wird. Nach und nach haben sich unsere illusorischen Vorstellungen zu realistischen Tatsachen geformt. Einige wichtige Gespräche möchte ich in diesem Text für euch zusammenfassen. Vielleicht gibt es die eine oder andere Konstellation da draußen, die sich freut zu lesen, wie wir uns dem Thema genähert haben.

Spender*in here, Spender*in there, Spender*in (not) everywhere

Das Thema aller Themen war für uns der*die Spender*in. Hätten wir vor drei Jahren eine Person gefunden, die uns sofort gespendet hätte, hätten wir jetzt vielleicht schon ein zweijähriges Kind. Vielleicht hätten wir die Gespräche schneller geführt und uns rascher geeinigt. Vielleicht auch nicht. Ich weiß es nicht. Was ich weiß, ist, dass es für uns die kompliziertеste Angelegenheit war, eine*n Spender*in zu finden.

Die meisten Menschen, die wir gefragt haben, konnten sich nicht vorstellen zu spenden, ohne gleichzeitig Vatergefühle zu empfinden, wenn das Kind dann auf der Welt ist. Und da wir nicht wollten, dass unser*e Spender*in eine Vaterrolle einnimmt, waren die Gespräche an dieser Stelle sehr schnell vorbei. Das war zu Anfang noch nicht so frustrierend, doch je mehr Menschen wir gefragt haben und je mehr Menschen genau aus diesem Grund abgelehnt haben, umso frustrierter wurde ich.

Ich war plötzlich wütend auf Cis-hetero-Paare, die es ganz einfach hatten, schwanger zu werden, und dann im Anschluss gesagt haben „Naja, das ist halt so passiert“. Ich war auch irgendwie wütend auf mich selbst, dass ich nicht mehr Cis-Männer in meinem Leben hatte, die ich nach ihrem Sperma hätte fragen können. Und grundsätzlich war ich wütend, dass es queere Paare häufig so viel schwerer haben, Kinder zu bekommen.

Als wir im Sommer 2019 dann unsere*n Spender*in gefunden hatten (ich berichte euch sozusagen gerade live aus der Prä-Inseminationsphase), war und ist es auch jetzt nicht (ganz) einfach, denn einige rechtliche Hindernisse müssen wir immer noch überwinden. Zu Beginn hat er sich nicht sicher gefühlt, denn er wollte unter keinen Umständen rechtlich gesehen die Vaterschaft anerkennen. Wir waren einige Male im Regenbogenfamilienzentrum, was uns geholfen hat, und doch blieben immer wieder Fragen offen oder wir hatten den Eindruck, dass Berater*innen ihm nicht ganz die Unsicherheit nahmen. Nach Monaten bekamen wir einen Anwalt empfohlen, der sich sehr gut in dem Bereich auskennt und uns beraten konnte, und das hat letztlich dazu geführt, dass unser*e Spender*in eingewilligt hat zu spenden.

Gemeinsam mit dem*der Spender*in unterzeichnen wir zu viert eine Liste von Abmachungen, Dinge, von denen wir denken, dass sie später wichtig sein werden. Beispielsweise in Bezug auf den Umgang und die Beziehung zwischen Spender*in und Kind oder finanzielle Vereinbarungen und natürlich auch, wer das Kind adoptieren wird. Diese Abmachungen sind nicht bindend, sie ist kein Vertrag, dessen Bruch bestraft werden kann. Es sind in erster Linie Abmachungen für uns, Dinge, auf die wir uns jetzt erst einmal verlassen. Wenn sich etwas ändert, passen wir die Abmachungen dementsprechend an. Abmachungen zu unterschreiben bedeutet aber auch, dass dieser Zettel im Falle eines Rechtsstreits als Beweismittel verwendet werden kann und je aktueller er ist, umso besser ist das vor Gericht.

Diese Abmachungen treffen wir auch zu dritt, ohne den*die Spender*in, um noch einmal ausgesprochen und aufgeschrieben festzuhalten, worauf wir uns untereinander verlassen können. Dieser Teil ist für uns besonders wichtig, weil nur zwei von uns juristisch gesehen „Rechte" an dem Kind haben, eine Person hat so gesehen keinerlei „Rechte" an dem Kind.

Ene, mene, muh und raus bist du

Ich kann euch im Moment keine näheren Infos darüber geben, wer wen heiraten wird und aus welchem Grund wir uns wie entschieden haben (denn wir sind gerade erst mittendrin). Aber ich kann euch sagen, dass es besonders schwierig für die beiden Personen von uns war, die das Kind nicht austragen.

Zum einen stellt sich die ewige Frage nach der eigenen Rolle und dem Beziehungsaufbau zu dem Kind, auch ganz ohne rechtliche Absicherung. Und zum anderen ist die Ehe natürlich eine sehr, sehr exklusive rechtliche Bindung zwischen zwei Menschen, die eine dritte oder vierte Person außen vor lässt. Es ist schwierig für mich, mich nicht ausgeschlossen zu fühlen oder Angst zu haben unwichtig zu sein. Mir ist bewusst, dass ich nicht die wichtigste Person in dem ganzen Prozess bin, aber mir ist es schon wichtig, nicht unwichtig zu sein. Das sind alles Fragen, die mich im Moment tagtäglich beschäftigen und die vielleicht nur zum Teil etwas mit unserer Polykonstellation zu tun haben.

Unabhängig davon, wer wen heiratet, haben wir ausgemacht, eine kleine Zeremonie zu veranstalten, wenn das Kind geboren ist, in der wir uns drei als gleichberechtigte Eltern des Kindes und uns als Familie feiern.

Tipp: Sprecht über eure genauen Vorstellungen von Rollen und rechtlichen Absicherungen bzw. Verantwortlichkeiten. Wie viel Verantwortung wollt und könnt ihr übernehmen?

Was könnt ihr zusichern und was nicht? Für uns war es befreiend und gleichzeitig natürlich auch sehr einschränkend, dass wir entscheiden mussten, wer in Zukunft welche Rolle haben wird. Denn wir mussten uns für zwei Menschen entscheiden, eine dritte Person kann in Deutschland nicht als Erziehungsberechtigte anerkannt werden. Fragt euch auch, wieso euch dieses oder jenes wichtig ist und was für ein Gefühl von Sicherheit ihr dadurch bekommt, dass ihr rechtlich gesehen als Eltern anerkannt werdet. Für uns war es wichtig abzuwägen, was die jeweiligen Risiken oder auch Vorteile der verschiedenen Konstellationen sind. Wir haben sehr viel über alternative Zeremonien, Symbole und Traditionen gesprochen, die das Gefühl von Familie und gleichberechtigter Zugehörigkeit und Teilhabe vermitteln können, denn darauf haben wir Einfluss, im Gegensatz zu den rechtlichen Einschränkungen.

Und jetzt ziehen wir zusammen ... oder?

Mit zwei Menschen zusammen zu sein, ohne mit einer davon zusammenzuwohnen, war für mich total anstrengend. Ich war die ganze Zeit mit einem bepackten Rucksack unterwegs, voll mit Unterhosen, Socken, einem T-Shirt und meinem Laptop. So bin ich dann von einer Person zur nächsten gezogen, bis ich schließlich nach mehreren Tagen wieder zu Hause war. Ich weiß, dass es Beziehungen gibt, in denen Menschen gerne sehr viel Zeit für sich haben und vergleichsweise seltener Zeit mit ihren Beziehungsmenschen verbringen. So war das bei mir jedoch nie.

Ich führe sehr gerne zeitintensive Beziehungen und für mich war und ist es wichtig, meine Beziehungspersonen nicht nur einmal die Woche, wenn überhaupt, zu sehen. Seit ich mit einer meiner Beziehungspersonen zusammenwohne, hat sich meine kleine Reise durch Berlin verkürzt. Ich kann meine Zeit besser auf Freund*innen, Liebesbeziehungen und mich selbst verteilen. Doch auch das ist schwieriger geworden, seit ich lohnarbeite.

Was ich damit sagen will: Über Kinder nachzudenken, bedeutet für uns auch, über das Zusammenziehen nachzudenken, denn all die Familien-Konstellationen, die wir kennen, haben früher oder später damit gehadert, nicht zusammenzuwohnen, insbesondere, wenn es ein Neugeborenes gab. Und da nicht alle von uns mit allen zusammen sind, wäre es so auch einfacher, Aufgaben zu verteilen und Kind regelmäßig zu sehen, ohne extra Organisationsaufwand zu betreiben. Wir wollen also auch gerne zusammenwohnen.

Mit einer Beziehungsperson in einer WG zu wohnen, ist das eine, aber mit beiden Beziehungspersonen, die nicht zusammen sind, zusammenzuwohnen, ist etwas ganz anderes. Ich habe Angst vor den Dynamiken, die entstehen könnten. Ich will außerdem keine Kleinfamilie werden, die sich nur noch um sich selbst dreht. In meiner Traumvorstellung wohnen wir in einer WG mit einem oder zwei anderen Menschen, um nicht in unserem Drei-Personen-mit-Kind-Universum zu verschwinden.

Ich habe außerdem Angst davor, mit beiden Beziehungspersonen zusammenzuwohnen. Wird sich jemand irgendwann benachteiligt fühlen? Oder ausgeschlossen? Wie häufig werden wir über Schlafsituationen reden? Und kriege ich genug Zeit für mich? Welche Regeln müssen wir einführen, damit der Haushalt läuft? Und wie schaffen wir es, unsere unterschiedlichen Bedürfnisse unter einen Hut zu bringen?

Eine meiner Beziehungspersonen hat gesagt, dass in einer WG zu wohnen für sie etwas anderes ist, da geht sie andere Kompromisse ein oder sieht Dinge nach, die ihr im Zusammenleben in unserer kleinen Familie wichtiger wären, weil sich unsere Konstellation für sie intimer und enger anfühlt. Ich habe Angst, dass wir als Kleinfamilie (mit oder ohne WG) plötzlich in toxische Familienmuster verfallen. Familie heißt für mich auch Konsensüberschreitungen und große Erwartungen aneinander.

Ich denke, dass ein erster wichtiger Schritt ist, uns das bewusst zu machen. Wir sind drei bzw. vier Menschen, die die Arbeit unter sich aufteilen können und die viele andere Menschen haben, die sie um Unterstützung bitten können. Queer zu sein und in einer queeren Polygruppe Kinder zu kriegen, fühlt sich auch sehr erleichternd an. Es verwandelt sowieso alles, was

„schon immer so war und so sein muss“ zu „wie wollen wir das eigentlich machen“ und gibt uns (hoffentlich) die Freiheit, einen Großteil von dem, wie wir als Einzelpersonen sind und sein wollen, aufrechtzuerhalten. Denn letztlich treffen auf unsere Polykonstellation keine heteronormativen oder genderstereotypen Erwartungen zu. Wir sind nicht Cis-Mann und Cis-Frau, an die die gesellschaftlichen Erwartungen gerichtet werden, Alleinverdiener und Hausfrau+Mutter+Teilzeitarbeiterin zu sein (auch wenn wir manchmal gefragt werden, wer bei uns eigentlich der Mann ist). Wir sind vier Menschen, die sich zum Teil als Frauen definieren, zum Teil trans maskulin sind und sich alle in irgendeiner Form als queer verstehen. Das gibt uns zumindest die Freiheit, neu darüber nachzudenken, wer und wie wir als Familie sein wollen.

Die Reaktionen anderer Menschen und wie wir damit umgehen

Es gab bis jetzt zwei große Kategorien von Reaktionen. Die einen Menschen waren sofort begeistert, haben sich für uns gefreut und uns unterstützt. Die anderen Menschen waren eher skeptisch und zurückhaltend, um es milde zu sagen, wenn nicht sogar ablehnend, und hatten kein Verständnis für unsere Entscheidungen und unsere Konstellation. Bei Menschen, die uns nahestehen, wie enge Freund*innen und Familie, hat uns das natürlich am meisten verletzt, denn wären wir eine Hetero-Zweierbeziehung, hätten sich vermutlich alle bedingungslos für uns gefreut. Es ist ermüdend, sich darauf verlassen zu können, nicht von allen, die einem wichtig sind, Unterstützung zu bekommen. Und es ist natürlich beschissen und entmutigend, wenn wir uns wahnsinnig darüber freuen, Kinder zu bekommen, diese Nachricht mit Menschen teilen, die uns wichtig sind, und dann auf skeptische, zurückhaltende oder ablehnende Reaktionen stoßen.

Ich denke, dass es ein Anfang ohne Ende ist, für unsere große Reise als polyamore Familie. Wir wissen, dass wir sehr viele Fragen gestellt bekommen werden und auch auf sehr viel Ablehnung stoßen werden, aber genauso nehme ich auch die Unterstützung aus der queeren Community und von unseren wahnsinnig tollen Freund*innen-Netzwerken wahr.

Was mich meine Therapie über Polyamorie gelehrt hat

1) Dinge wegzuschieben, die ich an mir selbst nicht mag, hat sie noch schlimmer gemacht.

Es war nicht einfach, sich meiner Depression zu stellen. Ich bin jetzt seit fast einem Jahr in Therapie und komme zu dem Punkt, an dem ich merke, dass ich versuche, meine Depressionen von mir wegzuschieben.

Ich dachte, wenn ich mich gut anstelle, könnte ich einer weiteren Runde depressiver Episoden entgehen, während die Depression die ganze Zeit über da war. Was für ein Mist. Die Therapie machte mir klar, dass ich das ganze Jahr hindurch viel über Eifersucht sprach, Artikel schrieb und Workshops zu diesem Thema gab, während ich gleichzeitig einen großen Teil von mir selbst verleugnete. Eine Art Doppelmoral. Nun, ich konnte es nicht wirklich wissen. Ich war so sehr mit meiner Angst, wieder depressiv zu sein, beschäftigt, dass es keinen Raum für mich gab, um die Idee, dass ich es möglicherweise die ganze Zeit war, überhaupt in Betracht zu ziehen. Wie auch immer, meine Therapeutin hat diesen Gedanken vor etwa einem Monat eingeführt und ich habe seitdem viel darüber nachgedacht. Ich weiß, es klingt irgendwie offensichtlich, und wenn man es von außen betrachtet, lag es die ganze Zeit an der Oberfläche. Ich hatte aber diesen Gedanken im Kopf, dass ich mich, wenn ich depressiv bin, wirklich schlecht fühlen muss. Im Bett verstecken, viel weinen und viele soziale Ängste entwickeln. So fühlte es sich das letzte Mal an und ich nahm an, dass die Depression zurückgekehrt wäre, wenn ich mich wieder so fühlte. Vor etwa einem Monat wurde mir zum ersten Mal klar, dass meine Depression nicht unbedingt immer etwas wirklich Schlimmes ist. Sie ist ein Teil von mir und hat ihre Höhen und Tiefen. Dieser Gedanke ließ mich alle meine Stimmungen und Emotionen akzeptieren und annehmen, weil ich weniger Angst hatte, dass einige von ihnen mich in meine nächsten Depressionen führen könnten. Wenn die Depression schon die ganze Zeit dabei war, dann gab es nichts zu befürchten, es gab keine schlechten Gefühle. Das erinnerte mich an meine Eifersucht. Solange ich sie von mir wegdrückte, fühlte sie sich superschlecht und beschissen und noch schlimmer an. Irgendwann hielt ich für eine Minute inne und sah mir meine Eifersucht an. Ich begann sie zu analysieren, mit Leuten zu sprechen, darüber zu schreiben und Workshops zu diesem Thema zu geben. Sie als einen Teil von mir zu akzeptieren, der weder superschlecht noch supergeil ist, sondern etwas dazwischen, das mich dazu bringt, an mir selbst zu arbeiten und mich selbst zu erforschen, machte es einfacher, mit ihr umzugehen.

2) Über Dinge zu reden, die mir Angst machen, macht sie weniger beängstigend.

Über meine Depressionen zu reden, machte mich sehr verwundbar. Manchmal wissen Menschen nicht, wie sie reagieren sollen, weil die meisten Menschen den Zustand ihrer psychischen Gesundheit verbergen. Oder sie wissen nicht, wie sie angemessen reagieren sollen. Auch ich fand es peinlich, darüber zu reden. Ich wollte nicht lächerlich wirken, denn „Depression“ und „Angst“ sind Wörter, die Menschen heutzutage oft und schnell in den Mund nehmen. Ich sehe viele Artikel, die Depression als „Generationsphänomen“ beschreiben, als ob jeder Mensch Mitte oder Ende zwanzig eine Depression in seinem Leben hätte oder hatte.

Ich habe meine Meinung geändert. Da ich einige sehr ermächtigende Gespräche mit verschiedenen Leuten hatte, habe ich angefangen, sehr offen über meine Depressionen zu sprechen. Sogar meine Therapeutin war superüberrascht, als ich ihr das sagte. Als sie mich fragte, warum ich meine Meinung geändert hätte von „nicht über etwas reden, was in meiner Therapie passiert" zu „sehr persönliche und intime Informationen über mich selbst in einem Podcast teilen", sagte ich, dass ich es so weniger beängstigend finde. Depression ist etwas sehr Unvorhersehbares und von Zeit zu Zeit auch sehr Beängstigendes. Ich weiß jetzt, was dahinter steht und wie ich an den verschiedenen Elementen arbeiten kann, aber ich kann sie nicht verschwinden lassen. Ich will auch nicht. Ich bin, wer ich bin. Dinge laut auszusprechen, die normalerweise tabu sind, macht sie „normaler" (was auch immer das bedeutet). Ich sehe hier eine Parallele zu Polyamorie. Wenn ich über Dinge stolpere, die neu und beängstigend für mich sind, verlieren sie meist etwas von ihrer Bedrohlichkeit, wenn ich sie laut ausspreche. Wenn ich zum Beispiel Angst habe, dass meine Beziehungsperson morgen eine unserer Absprachen missachtet, lindert es meine Angst, wenn ich sie ausspreche. Das Gefühl bleibt unter Umständen da, aber vielleicht wechselt es von superbeängstigend zu weniger beängstigend. Solange ich Dinge für mich behalte, sind sie auf die Grenzen meines Gehirns beschränkt. Wenn ich sie herauslasse, auch metaphorisch, bekommen sie mehr Raum und mehr Luft zum Atmen, sie fühlen sich weniger einschränkend an. Es ist nicht einfach, sich verletzlich zu zeigen, denn über Emotionen zu sprechen ist intim, aber ich sehe eine große Möglichkeit darin, sie zu teilen. Deshalb schreibe ich diesen Text. Außerdem denke ich, je mehr Menschen verschiedene Arten von Beziehungen kennenlernen, desto einfacher wird es für Menschen wie mich, unsere Realität zu leben.

3) Ich kann nicht alles kontrollieren.

Klingt irgendwie offensichtlich? Nun, ich stimme zu, das tut es, aber es gibt definitiv einen Unterschied zwischen Theorie und Praxis. Eines der Hauptthemen in meiner Therapie ist Kontrolle. Ich habe viele Ängste und versuche, an ihnen zu arbeiten, indem ich an meinem Wunsch arbeite, alles kontrollieren zu können. Alles dreht sich um unvorhersehbare Dinge, die mir passieren könnten. Ich mag sie nicht. Selbst Veränderungen sind für mich meistens schwer, auch wenn ich sie wirklich mag. Ich kann beides gleichzeitig fühlen. Niemand kann mir sagen, wie sich bestimmte Veränderungen in meinem täglichen Leben auf mich auswirken werden. Deshalb ängstigen sie mich sehr. Zum Beispiel, dass Menschen sterben. Ernsthaft, wie gehen andere Leute damit um? Wie auch immer. Es hängt alles damit zusammen, dass ich alle möglichen Ängste habe, die wiederum mit meinen Kontrollproblemen zusammenhängen. Erst gestern (kein Witz!) habe ich mich dazu entschieden, eine dieser Atemübungen auszuprobieren, als ich wieder Angst bekam. Ich schloss die Augen, konzentrierte mich auf die Angst und versuchte, in den Schmerz hineinzuatmen. Ich weiß, ich weiß, das klingt ein wenig zu einfach, aber in Wirklichkeit war es schwer auszuhalten. Ich wollte direkt in die Angst gehen und allen möglichen Gedanken in meinem Gehirn und in meinem Körper Raum geben, sich zu entfalten. Aber nach einer Weile wurde es besser, und noch ein paar Minuten später fühlte ich mich etwas erleichtert. Wenn ich in meinen Beziehungen Angst bekomme, weil ich nicht weiß, was in der Zukunft passieren wird und es eine beängstigende Veränderung geben könnte usw. usw. usw. mache ich im Grunde genommen genau das Gleiche. Ich halte für eine Minute inne und atme ein paarmal durch. Dann erinnere ich mich daran, dass ich, selbst wenn ich jede einzelne Situation in meinem Leben kontrollieren und mich vor beängstigenden Dingen in der Zukunft warnen könnte, das nicht wollen würde. Und ich kann auch nicht, also gibt es keine Notwendigkeit, so viel Energie in das Nachdenken darüber zu investieren. (Manchmal mache ich es doch wieder, aber es ist schön, mich daran zu erinnern, wie viel Zeit und Kraft ich da rein investiere. Manchmal hält es mich dann davon ab, genau das zu machen.) Die Konzentration auf meine Zukunftsthemen erlaubt es mir, meine aktuellen Themen zu vernachlässigen. Wenn ich mich ihnen stellen will, muss ich tief durchatmen und sie mir genau ansehen.

4) Alles, was mich emotional belastet, belastet auch meinen Körper.

Während ich eine harte und emotional intensive Phase meines Lebens durchlebe, in der ich versuche, mich meinen tiefsten Problemen zu stellen, merke ich, dass mein Körper auf diesen Prozess reagiert. Ich habe früh in meinem Leben gemerkt, dass mein Körper taub/ohnmächtig geworden ist, mein Auge begonnen hat zu zucken, meine Periode für einige Zeit ausgesetzt hat oder mein Magen begonnen hat, weh zu tun, wenn ich mit schwierigen Themen konfrontiert war. Mein emotionaler Zustand ist tief mit meinem Körper verbunden. Manchmal kann das sehr hilfreich sein. Zum Beispiel, wenn mein Körper mir zeigt, dass ich gestresst bin, wenn ich zu gestresst bin, um das zu realisieren. Oder wenn ich merke, dass ich wegen etwas nervös werde, weil mein Magen anfängt, schwerer zu arbeiten als sonst. Manchmal ist es auch ärgerlich, wenn ich festsitze und fühle, dass ich mich nicht bewegen kann, weil ich so verletzt bin, oder wenn ich mich so hilflos fühle und jeder Schritt sich wie 1000 Schritte anfühlt. Durch meine Depression habe ich gelernt, meinem Körper sehr genau zuzuhören und mich jederzeit zu fragen, was ich für meine self care tun kann. Manchmal ist es eine Umarmung, die mich zu Hause und sicher fühlen lässt. Manchmal versteckt es sich unter meiner Decke, wo es sich warm und gemütlich anfühlt. Und manchmal muss ich einfach mein Zimmer/die Wohnung putzen, um meinen Körper zu bewegen, oder einen langen Spaziergang machen, um mein Taubheitsgefühl loszuwerden. Ich sehe Depressionen nicht als Krankheit, zumindest nicht für mich selbst. Sie sind nur eine weitere Sache, mit der ich in meinem Leben zu kämpfen habe, und ich denke, dass es sicherlich viele Parallelen zu meiner täglichen Herausforderung gibt, Polybeziehungen zu managen.

Über psychische Gesundheit, Polyamorie und Commitment

Psychische Gesundheit ist in meinem Leben schon immer ein großes Thema gewesen. Ich war ungefähr 13 Jahre alt, als ich das erste Mal das Gefühl hatte, ein riesengroßer, schwerer Stein läge auf meiner Brust. Ich hatte das Gefühl, keine Luft zu kriegen, nicht schlafen zu können. Ich fühlte mich verlangsamt, so als ob mich irgendwas nach unten reißen wollen würde. Und ich konnte nichts dagegen tun, denn es gab keinen Stein und keinen anderen sichtbaren Gegenstand, sodass daraus für andere ersichtlich geworden wäre, wieso es mir so ging. 15 Jahre später ist es ein Sack auf meiner Brust oder ein sehr schwerer Beutel, manchmal auch beides, gefüllt mit großen und kleinen Steinen. Ich habe erst in den letzten Jahren verstanden, dass ich schon mit 13 ähnliche Symptome hatte, wie ich sie jetzt habe, und in den vergangenen 15 Jahren, mal stärker mal schwächer, hatte.

Eine intensive Auseinandersetzung mit meiner Therapeutin und viele Bücher, Artikel, Gespräche und Austausch später, habe ich ein besseres Verhältnis zu dem kleinen Monster in mir, das kommt und geht, wann es will, aber nichtsdestotrotz ein Teil von mir ist. Ich habe Wege und Möglichkeiten gefunden, diese Themen anzusprechen, sie präsenter in meinem Leben und in meinen Vorträgen und Workshops zu machen.

Was genau will ich also mit diesem Text? Wenn alles okay ist, wieso schreibe ich dann wieder darüber?

Ich habe sehr häufig das Gefühl, dass ich viel über mentale Gesundheit rede und viel von dem anspreche, was mich beschäftigt, wie es mich beschäftigt, welche Fragen mich triggern, wie ich bei Panikattacken angesprochen werden möchte etc. Und dann merke ich immer wieder, dass das meiste davon sich in meinem Kopf abspielt. Gerade hatte ich wieder so eine Situation. Mein Bruder rief mich an, wir telefonierten nur sehr kurz. Meistens telefonieren wir sehr kurz, was ich schade finde, ich wünschte, wir hätten ein engeres Verhältnis. Ich merkte, dass es ihm schwerfiel, an mich heranzukommen, ich wirkte distanziert und einsilbig, vielleicht sogar desinteressiert. Da merkte ich, dass er nichts von mir weiß und dadurch nicht einzuschätzen kann, dass meine Distanziertheit oder meine Stimmung in den meisten Fällen nichts mit ihm oder anderen zu tun hat. Er bekommt das Gefühl, dass er etwas falsch macht, und das macht mich traurig.

Deswegen habe ich gerade den Entschluss gefasst, detaillierter über meine mentale Gesundheit zu schreiben und zu reden. Häufiger die richtigen Momente abzupassen, um Informationen zu streuen, die die Menschen in meinem und vielleicht auch in eurem Leben dabei unterstützen könnten, mentale Herausforderungen ein bisschen besser zu verstehen oder einzuordnen.

Ein Grund, warum ich so wenig darüber rede, ist, dass ich häufig traurige oder sorgenvolle Blicke abkriege, wenn ich es tue. Ich weiß, dass Menschen den Satz „Ich hoffe, dir geht's bald besser" gut meinen, er kommt manchmal von Herzen. Allerdings ist er für Menschen wie mich, die schon über die Hälfte ihres Leben gelernt haben, mit ihrer Depression zu leben, ein komischer Satz. Er suggeriert, dass es nicht okay ist, dass es mir nicht gut geht, obwohl die Depression ein Teil von mir ist, den ich nicht abstoßen oder ignorieren möchte. Ich kriege häufig das Gefühl, dass nur die Menschen ein gutes Leben haben können, die glücklich mit sich und der Welt und allem anderen sind.

Menschen machen sich Sorgen, weil sie mich mögen, lieben, wertschätzen als Mensch. Das verstehe ich. Das macht es allerdings nicht leichter, darüber zu reden, weil mir die Gefühle der anderen natürlich nicht egal sind und ich möchte, dass es ihnen gut geht. Und dann fange ich an, mich um sie zu kümmern, ihnen ein gutes Gefühl geben zu wollen. Ich kann selten einfach „nur“ erzählen, dass ich wieder eine Panikattacke hatte, ohne dass mich jemand sorgenvoll anschaut.

Ich kann selten erzählen, dass ich in meinem Kopf Runde um Runde drehe und Sätze wiederhole, bis ich sie tatsächlich ausspreche, weil es sich manchmal so unmöglich anfühlt, etwas „einfach nur“ zu sagen. Bzw. anzusprechen, dass es mir gerade nicht gut geht und ich deswegen schweige oder niemandem in die Augen sehen kann. Manchmal sind es auch Pläne mit anderen Menschen, die sich verschieben oder verändern und mich komplett aus dem Gleichgewicht werfen, mir ein Gefühl von Unsicherheit geben. Ich weiß manchmal nicht, wie ich das erklären soll, es erscheint so schwierig nachvollziehbar für einige. Und ich kann selten einfach so erzählen, dass mein Gehirn sich manchmal gegen mich verschwört und es mich den wüstesten Abwertungen und Beleidigungen aussetzt, bis ich anfange zu weinen, denn wer kann schon so vielen Beleidigungen standhalten, ohne zu weinen?

Das sind nur ein paar Beispiele, Dinge, die in meinem Kopf passieren. Und weil sie schon so lange passieren, habe ich mich daran gewöhnt, ja, ich lebe damit und die meiste Zeit geht es mir gut oder okay. Ich habe nicht gemerkt, wie sehr es hilft oder dabei helfen kann, wenn Menschen verstehen, wieso ich bestimmte vermeintliche Kleinigkeiten nicht kann. Wieso ich zum Beispiel eine Zeit lang nicht in der Lage war, nach einem Job zu suchen oder überhaupt über Geld nachzudenken. Selbst der Gedanke daran hat mich so unter Druck gesetzt und einen so großen Stress bei mir hervorgerufen, dass ich einfach nur weinen konnte, um die Panik zu verarbeiten.

Es hat sich in meinen engen Beziehungen einiges verändert,
seit ich angefangen habe,
häufiger über meine psychische Gesundheit zu reden.

Ich gebe Menschen aktiver die Möglichkeit, nicht sorgenvoll oder ängstlich zu reagieren, weil wir häufiger darüber reden und es auch für sie gewohnter wird. Und dadurch erhalte ich ganz viel Unterstützung, mit der ich nicht gerechnet hätte. Ich kann es häufiger zulassen, vor anderen zu weinen, mich von ihnen in den Arm nehmen zu lassen und zu wissen, dass Menschen mir ihre Unterstützung und Zuwendung schenken und sich nicht von mir abwenden, weil sie mich als „zu viel“ empfinden. Ich vertraue darauf, dass das konsensuell ist, weil wir immer und immer wieder einen ehrlichen Austausch darüber haben, was persönliche Grenzen sind und ich nie erwarte, dass sich jemand immer und zu jedem Zeitpunkt in der Lage fühlt, mich zu unterstützen.

Ich merke, dass Polyamorie mir die Möglichkeit gibt, ein anderes Gefühl für commitment zu entwickeln. Es erscheint mir nämlich einfacher, Unterstützung zu erhalten oder darum zu bitten, wenn ich weiß, dass es nicht nur eine Person in meinem Leben gibt, der ich mich in so einem intimen und innigen Sinne anvertrauen kann. Es fällt mir leichter, um Unterstützung zu bitten, weil es mehrere Menschen gibt, an die ich mich wenden kann und diese Menschen wissen, dass sie nicht meine einzige go-to-Person sind. Ich fühle mich sicherer, weil ich das Gefühl habe, dass ehrliche Antworten rund um Kapazitäten und Unterstützung einfacher werden und ich dadurch weniger Angst habe, jemanden zu überfordern. Ich merke immer stärker, was commitment bedeutet, wenn es praktiziert wird. Und das ist ziemlich großartig.

Das Gegenteil von Intensität
und warum ich mich danach sehne

Vor ein paar Monaten hat ein sehr guter Freund zu mir gesagt: „Ich glaube, ich will weniger Intensität in meinem Leben“. Seitdem kann ich nicht aufhören, darüber nachzudenken. Immer und immer wieder lande ich selbst bei dem Gedanken.

Was hat es eigentlich mit der Intensität auf sich? Wieso finde ich weniger Intensität gerade so verlockend? Was ist das Gegenteil von Intensität? Und will ich eigentlich gar keine Intensität mehr, oder nur weniger? Oder will ich eigentlich was ganz anderes?

Irgendwie witzig, ich stelle mir selbst all diese Fragen und weiß gar keine Antworten darauf. Ich sitze hier bestimmt schon seit 15 Minuten und denke einfach nur über die Frage nach, wieso ich eigentlich so scharf auf Intensitätsreduktion bin. Ganz ehrlich, Intensität war für mich bisher etwas komplett Positives: Als es niemanden gab, den*die es hätte interessieren können, ob ich mich Hals über Kopf in jemanden verliebe, jede Nacht bei der Person schlafe und in meinem eigenen Tempo Gefühle zulasse und entwickle. Da war niemand, den*die ich damit hätte verletzten können, zumindest nicht bewusst. Seitdem ich mehrere Beziehungen gleichzeitig führe, sind da sehr wohl Menschen, die es interessiert, in welchem Tempo ich Dinge angehe und wie intensiv ich manche Erfahrungen gestalte. Ich verbinde mit Intensität stürmisches Verhalten, eine „Ist mir egal“-Haltung und einfach nur pures Sich-fallen-lassen. Außerdem verbinde ich damit einen pushy Yaniv, der immer mehr will und das in seinem Tempo. Meine Intensität hat schon so einige Menschen vergrault.

In meinen Teenagerjahren habe ich mich oft (sehr) einsam gefühlt. Ich wollte unbedingt jemanden zum Verlieben haben, ich wollte so gerne in den Arm genommen werden und habe mir Anerkennung von anderen Menschen sehr gewünscht. Ich wollte nichts lieber als pure Intensität und reines Sich-auf-jemanden-einlassen. Nichts lieber als das. Und als ich mit Anfang zwanzig angefangen habe, Menschen zu daten und gleichzeitig in einer Beziehung war, wollte ich auch Intensität, weil ich das Bedürfnis danach so lange zurückgehalten hatte. Gleichzeitig wollte ich es wirklich mit der Monogamie versuchen, ihr ernsthaft eine Chance geben. Ich habe mir so lange eingeredet, dass ich etwas nicht will, bis ich selbst daran geglaubt habe. Und als ich dann doch einsehen musste, dass das Bedürfnis, andere Menschen zu daten, ihnen nahe zu sein und mich zu verlieben, in mir gewachsen ist, ist es nur so aus mir rausgesprudelt. Es war förmlich ungezähmt, wie ein gieriges Wesen. Ich wollte es gar nicht stoppen. Wieso auch? Es hat Spaß gemacht. Und gleichzeitig hat es mir schon da vor Augen geführt, dass Intensität nicht nur etwas Gutes ist.

Sie hat meine Beziehung buchstäblich fast zerrissen. Wir wollten so gerne jede Erfahrung und jede Möglichkeit, eine Erfahrung zu machen, zulassen, dass kein Raum mehr für unsere Beziehung übrig blieb. Selbst jeden Streit wollte ich sofort austragen, alles musste schnell und plötzlich passieren. Ich konnte es nicht aushalten, Dinge aufzuschieben, ob einen Streit oder ein Date mit jemandem, völlig egal. Ich glaube, ich hatte viel zu sehr Angst davor, dass in der Zwischenzeit irgendetwas Wichtiges verloren gehen könnte. Vielleicht geht die Verbindung zu meiner Beziehungsperson in der Zwischenzeit kaputt? Oder vielleicht ist diese neue und aufregende Person plötzlich nicht mehr an mir interessiert? Und was, wenn ich eine Erfahrung nicht mache, mache ich sie dann nie wieder?

Und im Umkehrschluss:
Solange etwas intensiv war, hatte ich das Gefühl, es ist wichtig.

Und dann habe ich plötzlich sehr lange über all diese Dinge nicht mehr nachgedacht. Mir war sehr lange nicht einmal bewusst, dass es die Intensität ist, die die Fäden zieht. Ich dachte, es wäre Lust, Aufregung, Vorfreude oder einfach nur das aufregende Gefühl, begehrt zu werden. Vielleicht ist das alles ein Teil von Intensität? Ich weiß es nicht.

Vielleicht weiß ich am Ende des Textes noch weniger als am Anfang. So geht's mir gerade sehr häufig. Eins steht aber fest: Ich möchte gerade weniger Intensität in meinem Leben. Ich kann mich an keine Erfahrung der letzten zehn Jahre erinnern, die einfach nur intensiv und gut war. Sie war immer begleitet von einem Getriebensein. Ich hätte gerne ein bisschen mehr Gelassenheit in der Intensität. Ich will mich nicht mehr Hals über Kopf in Beziehungen oder Affären oder Liebschaften stürzen. Ich will lernen, Dinge langsam anzugehen, Erfahrungen Raum zu geben und nichts zu überstürzen. Vor allem will ich mich mehr darum bemühen, meinen Beziehungspersonen mehr Raum für ihre Gefühle und Erfahrungen zu geben, wenn etwas Neues und Aufregendes in meinem Leben passiert. Früher hätte ich es schade gefunden, wenn ich die Möglichkeiten, die sich mir boten, nicht hätte intensiv und sofort erleben können. Als wäre jemand hinter mir gestanden und hätte mir immer wieder einen kleinen Schubs verpasst. Heute finde ich es nicht so schlimm, ich fühle mich nicht mehr unter Druck. Irgendwie bin ich entspannter und (ich weiß, wie das klingt): älter und weiser, haha. Kitschig, I know. Ich weiß nicht, ob es das Älterwerden ist, aber ich mag das Gefühl. Ich begrüße gerade mehr Ruhe und weniger Intensität. Wer weiß, vielleicht ist das Gegenteil von Intensität einfach nur Ruhe und vielleicht will ich irgendwann auch wieder das Gegenteil von Ruhe.

(Endnotes)

1 https://www.ted.com/talks/esther_perel_the_secret_to_desire_in_a_long_term_relationship/transcript?language=en (letzter Zugriff am 12.04.2020).

2 Polykül ist das Netzwerk aus Menschen, die untereinander mehrere romantische Beziehungen führen. Das Wort setzt sich zusammen aus „Molekül“ und „Polyamorie“.

3 Diese Frage habe ich von Kathy Labriola übernommen, der Autorin von „Jealousy Workbook“, „Love in Abundance“ und „Polyamory Breakup Book“. Ihr findet diese Frage in den meisten ihrer Bücher.

4 Mehr dazu auf: http://sexpositivepsych.com/what-is-solo-poly-how-is-it-different-from-single-poly/. (letzter Zugriff am 02.03.2020).

5 https://www.morethantwo.com/?s=primary (letzter Zugriff am 15.02.2020).

6 http://polyweekly.com (letzter Zugriff am 12.02.2020).

7 https://thecarnalcopia.com/2015/02/16/cc-022-boundaries-a-conversation-with-hilary-nunes/ (letzter Zugriff am 11.01.2020).

8 https://www.multiamory.com/, beispielsweise Folge 178 „The Basics of Boundaries“ (letzter Zugriff am 20.04.2020).

9 Mark Michaels und Patricia Johnson gehen in ihrem Buch „Designer relationships“ näher auf Dringlichkeit und Verletzbarkeit in Absprachen ein.

10 https://freelovediaries.com/open-relationship-rules-agreement/ (letzter Zugriff am 20.04.2020).

11 https://www.morethantwo.com (letzter Zugriff am 20.12.2019).

12 http://www.kathylabriola.com/articles/jealousy-first-aid (letzter Zugriff am 11.11.2019).

13 http://everydayfeminism.com/2016/02/polyamorous-dealing-jealousy/ (letzter Zugriff am 20.11.2019).

14 http://atlasofemotions.org/ (letzter Zugriff am 10.12.2019).

15 http://www.trauerphasen.de (letzter Zugriff am 20.11.2019).

16 https://www.psychologytoday.com/us/blog/the-polyamorists-next-door/201602/five-strategies-manage-jealousy (letzter Zugriff am 11.04.2020).

17 https://sextapes-podcast.de/stp_0012 (letzter Zugriff am 12.04.2020).

18 Mehr von Debora auf https://dontdegradedebsdarling.wordpress.com.

19 https://missy-magazine.de/blog/2018/01/29/bist-du-aehm/ (letzter Zugriff am 12.04.2020).

20 Mein besonderer Dank geht hier an Cory Silverberg, Autor*in von „What makes a baby“ und „Sex is a funny word“. Cory sprach über diesen Unterschied in seinem Vortrag zum Thema „Wie kann man mit Kindern über Sex sprechen?“ 2019 im „Other Nature“, einem alternativen Sexshop in Berlin.

21 http://kleinerdrei.org/2017/12/lessons-learned-in-polyamory (letzter Zugriff am 08.05.2020).

22 Die Namen wurden zum Zweck der Anonymität geändert.

23 Gummiband-Familien – Rubberband Families. W_orten & Meer Verlag. 2016.

24 https://www.romper.com/profile/margaret-e-jacobsen-1909316 (letzter Zugriff am 13.04.2020).

25 https://berlin.lsvd.de/projekte/regenbogenfamilien-berlin/.

Other Nature

WERBUNG

Lou Conradi

Baby Butch

Roman

240 Seiten | 14,80 € | 978-396042-070-5

Was hat das Einhorn mit der Jungfrau Maria zu tun und Feminismus mit Waffenexporten? Gibt es die unbefleckte Empfängnis wirklich, hilft BDSM gegen Polizeigewalt und was können trans Menschen erwidern, wenn sie mal wieder gefragt werden: „Was bist du?“

Steph, eine linksradikale Butch, und Maria, eine kommunistische trans Frau, planen zusammen ein Kind zu bekommen. Mit Erfolg: Steph ist schwanger!

Henna Räsänen

A Hypothetical Love Triangle

Comics, Illustration, Frustration

96 Seiten | 12,00€ | 978-3-96042-011-8

Eine Achterbahnfahrt durch die Welt von Queer Femme und Punk Rock, Anspielungen auf Fantasybücher und autobiografische Offenbarungen, von der Legende der Femmey Hallows bis zu der herzzerreißenden Geschichte eines sterbenden Vogels.

Mit ehrlichem und stacheligem Humor zeichnet Henna Räsänen ein lebhaftes Bild des queeren und Punk-Lebens.

WERBUNG

Alissa Starodub

Lasst es glitzern, lasst es knallen!

Politische Theorie und Praxis für die Utopie

141 Seiten | 12,00 € | 978-3-96042-087-3

Dieses Buch birgt Begegnungen mit Menschen, die Landwirtschaft solidarisch und ökologisch organisieren. Es erzählt Geschichten und Erfahrungen von Menschen, die Häuser besetzen, um dort nicht-kommerzielle Freiräume zu eröffnen. Und es nimmt uns mit zu Protesten gegen den G7 Gipfel oder zur Arbeit ohne Chefs. Die Frage wer sich an solchen Praktiken beteiligen kann, ist dabei Teil der Auseinandersetzung.

herausgegeben von Eliah Lüthi

be_Hindert & ver_Rückt

Worte_Gebärden_Bilder finden

239 Seiten | 12,00 € | 978-3-96042-086-6

Dieses Buch verbindet rund 40 Beiträge von Menschen, die ver-Rückt und/oder beHindert werden. In autobiographischen und fiktionalen Erzählungen, Gedichten, Kurzgeschichten, Bildern und Klängen suchen und finden die Aut*orinnen selbstbestimmte Worte_Gebärden_Bilder für sich und Welt.